TAKE / GIVE

회계

TAKE / GIVE

회계

ⓒ 편도선, 2021

초판 1쇄 발행 2021년 4월 21일

지은이 　편도선
펴낸이 　이기봉
편집 　　좋은땅 편집팀
펴낸곳 　도서출판 좋은땅
주소 　　서울 마포구 성지길 25 보광빌딩 2층
전화 　　02)374-8616~7
팩스 　　02)374-8614
이메일 　gworldbook@naver.com
홈페이지 www.g-world.co.kr

ISBN　979-11-6649-642-4 (13320)

TAKE / GIVE

회 계

회계, 그 핵심을 공개하다

편도선 지음

좋은땅

목차

들어가면서

누군가에게 돈을 빌려주고자 하는 사람은 빌려준 돈을 제대로 회수할 수 있다고 판단해야 빌려줄 것이다. 돈을 빌리려는 사람은 빌린 돈을 갚을 수 있는 능력이 있다는 것을 투자자에게 보여 줘야 빌릴 수 있다. 이 거래를 성사시킬 수 있는, 빌리려는 사람에 대한 핵심정보 두 가지가 있다. 하나는 순재산을 어느 정도 가지고 있는지, 다른 하나는 매년 순수입을 얼마만큼 올리고 있는지다. 경제주체의 경제상황을 판단하는 순재산과 순수입을 어떻게 산출해 낼까? 이에 대한 답을 회계가 한다.

순재산과 순수입을 산출하기 위해 거래를 최초로 인식하는 시스템이 분개이다. 분개를 집계하고 분류하여 순재산과 순수입을 확인하는 것이 회계이다. 분개가 회계의 출발이다. 시작이 반이라고 했는데 저자는 회계에 있어 분개는 절반 그 이상이라고 본다.

저자는 거래를 인식하고 장부에 최초로 기록하는 분개를 할 때 상식을 가진 사람들 간의 '주고받기(give & take)'를 기준으로 삼아 회계의 전반을 기술하고자 한다. 더불어 회계를 처음부터 학문으로 접근한 것이 아니라 실생활의 경제 활동을 어떻게 표현할까를 염두에 두고 주고받기에 초점을 맞춰 진행하였다. 그 결과 지금의 복식부기와 같은 결과를 얻을 수 있었다. 따라서 현재 사용되는 복식부기도 그 내용을 찬찬히 들여다보면 결국 주고받기에서 나온 것이다. 이제 거래를 주고받기라는 단순한 시스템으로 놓고 생각해 본다. 차변, 대변이라는 용어에 매몰되지 않고 한 발 물러서서 회계가 시작되는 시점으로 돌아가 생각해 보고 또 누구든 접근하기 쉬운 회계를 만들어 가는 여정을 시작한다.

교정과 피드백에 누구보다 열정적으로 자신을 설득해 보라던 아내 이지연과 가끔 생각이 멈출 때 이에 응답해 주던 소영, 하영, 우장, 시영이가 함께해서 그나마 마무리가 가능했다. 나의 부족함을 나눌 수 있고 누구보다 믿어 주는 가족이 있어 늘 감사하다.

學仁齋에서
편도선

제 1 장
WHY 회계

오늘날의 회계[1]에 대한 정의를 풀어서 보면 이렇다. 개인이나 단체의 거래를 숫자로 기록하고, 그 기록한 자료를 바탕으로 정한 기간 동안의 이익 혹은 손실금액을 계산하고, 그 기간 말일의 재산 상태를 알려 주는 보고서를 작성하는 것이다.

인간은 이성적인 존재라고 믿는다. 물물교환을 하던 때도 주는 물건의 교환가치에 모자라지 않는 물품을 받으려고 하고 또 그 내용을 어딘가에 기록으로 남겨 다음 거래에 사용할 자료를 축적했다. 종이가 발명되고 나서는 거래를 기록하고 다음 거래의 소스(source)로 활용하였다. 현재보다 더 나은 경제적 삶을 추구하는 것은 본능에 가깝고 그것을 평가할 수 있는 것이 회계이다. 따라서 회계는 사람들의 삶과 떼려야 뗄 수 없는 관계에 있고 이를 알고 잘 활용하는 사람이 경제적인 판단을 할 때 선택의 폭이 넓어지는 것은 분명한 일이다.

---

1) 회계(會計, accounting): 개인이나 기업 등의 금전 출납에 관한 사무를 일정한 방법으로 기록하고 관리함(국어사전-이하 같음).

1. 회계가 필요한 이유

사회구조가 복잡해지고 이해관계자가 많아지게 되면 필연적으로 경제적인 부분에서 정확한 자료가 요구된다. 어떤 사람이 주식 투자를 한다고 하자. 그가 투자하고픈 회사의 주식 가격이 단기간에 오르거나 배당을 많이 할 수 있다면 아마도 그 회사의 주식을 살 것이다. 그런데 그것을 어떻게 알 수 있을까? 그 회사 임직원이라면 많은 정보를 가지고 있겠지만 그 외의 사람들은 대부분 알 수 없다. 그러나 온라인에서 그 회사의 재무[2] 정보는 확인할 수 있다. 대부분의 사람들은 그 회사에 대한 세상의 평판과 재무 정보로 투자 여부를 판단할 것이다. 그중 재무 정보가 훨씬 더 중요한 투자의 판단 기준이 된다고 생각한다. 그런데 그 재무 정보라는 것이 바로 회계의 결과물이다. 주식 투자자의 입장에서 보면 그 회사의 재무 정보는 투자의 절대적 기준이 된다. 그렇다면 재무 정보는 어떻게 만들어질까? 더 질문하면 왜 재무 정보를 만들까?

첫째, 거래로 얼마의 이익 혹은 손실을 보았는지?
단 한 건의 거래에서 얼마의 이익이 발생했는지를 알

---

2) 재무(財務, finance): 돈이나 재산에 관한 일.

고자 한다면 거래 후에는 거래 내용을 구체적으로 기록해야 할 필요가 있다. 그 기록들의 모임이 개인이나 단체의 경제 규모나 수익성 등을 파악할 수 있는 근거가 된다.

둘째, 매년 얼마의 이익 혹은 손실을 보았는지?

개인이나 단체(개인이나 단체를 경제학에서는 경제주체라 한다. 대표적인 경제주체가 기업이다. 회계는 기업에서 주로 사용하기에 이하에서는 경제주체를 대신해 '회사'라고 표기하고자 한다.)의 재무 정보가 만들어지는 기간을 회계기간이라 하는데 주로 1년을 단위로 계산한다. 물론 하루나 한 달을 단위로도 재무 정보를 만들 수는 있다. 또한 10년을 단위로도 재무 정보를 만들 수 있다. 그럼에도 재무 정보의 효율성과 적절성을 보았을 때 1년을 회계기간으로 한다. 통상 국가재정도 1년 단위로 예산을 수립하고 집행하고 있다. 재무 정보는 1년간 얼마의 이익이나 손실이 있었는지를 기록하고 이를 바탕으로 투자자는 투자 여부를, 회사는 사업의 계속과 변경에 대한 의사결정을 하게 된다.

셋째, 인건비나 기타 비용이 적정한지?

회사는 매출액과 그에 연관되는 비용이 어느 정도인

지를 파악하고 있어야 한다. 거래이익이 100인데 그에 연관하는 총비용이 100을 넘으면 거래는 이루어지기 어렵다. 총비용이 거래 대비 어느 정도인지를 기록을 통해 정리하고 이를 활용해 거래량 등을 정하는 의사결정을 하게 된다. 또한 투자자는 이익이 발생하지 않는 회사에는 투자금을 회수하거나 투자를 하지 않을 가능성이 많다. 모든 거래를 기록하고 정리해야 이익을 제대로 산출할 수 있는데 이런 과정이 회계이다.

넷째, 현재 줄 돈이 얼마인지? 받을 돈이 얼마인지?

거래를 계속하고 그 횟수가 많아질수록 기억의 한계를 겪게 된다. 거래의 전부를 정확히 기록하고 정리하게 되면 받을 돈, 줄 돈이 명확해지고 기억의 의존을 줄이게 된다. 회계는 회사의 채권과 채무를 상시 관리할 주요한 도구가 된다.

다섯째, 다른 곳에 투자할 여력이 있는지?

연간 매출 규모와 이익 및 누적된 이익이 얼마만큼 있는지를 알게 되면 새로운 사업이나 투자대상에 사용할 여유 자금을 파악할 수 있다. 회계는 이익의 누적금액을 정리하고 이를 어떤 형태로 회사가 가지고 있는지를 알려 준다. 투자할 총량치 중 얼마를 어디에 투자할지는 회사의 몫이다.

여섯째, 돈을 빌려야 하는지?

사업을 진행하고 있는 회사의 재정 상황이 어려워 자체적으로는 자금을 집행할 수 없다면 다른 회사로부터 돈을 빌려야 한다. 사업을 계속할 수 있다면 이런 경우 얼마를 언제까지 빌려야 하는지에 대한 정보를 알 수 있다.

일곱째, 회사를 정리한다면 내 손에 얼마가 남는지?

어떤 회사가 만약 회사를 정리한다면 투자금 회수 여부와 남는 금액이 얼마인지를 알려 준다. 1억 원을 투자해 10년간 사업을 한 후 회사를 정리한다고 했을 때 재산을 처분한 금액이 5억 원이고 갚아야 할 금액이 2억 원이면 3억 원이 남게 된다. 이런 구체적인 상황을 알려 주는 것이 회계이다.

어떤 사건을 기록하지 않으면 그것은 그냥 역사 속으로 사라지지만 기록한다면 후세는 그 기록을 바탕으로 과거를 되짚어 볼 수 있다. 또한 그 기록은 미래의 의사 결정에 참고 자료로 쓰이기도 한다. 기록이 있음으로 과거의 사실을 떠올릴 수 있다. 그것은 미래세대가 과

거세대를 평가하는 주요한 지표가 된다. 마찬가지로 정확히 그리고 제대로 기록된 거래 자료는 회사의 과거를 평가하고 미래를 예측하는 주요한 수단이 된다. 그 거래를 기록하고 정리하여 보고하는 일련의 과정이 회계이다. 따라서 회계가 없다면 회사에 대한 제대로 된 평가도, 예측도 불가능해진다. 기록은 그 즉시 미래의 누군가와의 소통이다. 그렇다면 어떻게 거래를 기록할 것인지의 과제가 남는다.

2. 기록의 탄생

거래를 기록한다는 것은 거래가 누구와 언제, 어디서, 무엇을, 왜, 어떻게 이루어졌는지를 작성하는 최초의 인식단계와 분류와 통합이라는 과정을 거쳐 유용한 정보를 만드는 것이다. 기록은 상황의 설명이다. 기록을 활용하는 당사자가 회사의 상황을 최단시간에 이해할 수 있는 정보를 제공하는 것이 기록자의 의도일 것이다. 먼 길을 가는 나그네가 지도를 가졌다면 훨씬 수월하게 목적지에 갈 것이다. 지형지물을 이용해 만든 지도도 기록이다. 열 마디 말보다 한 장의 지도가 나그네에겐 더 도움이 된다. 마찬가지로 거래의 내용을 정리해서 거래의 지도를 만들면 이용자가 활용하는 것에 많은 도움이 될 것이다. 거래의 지도를 만드는 여정을 시작해 보자.

(1) 거래 발생

상식적인 사람이라면 받은 만큼 줄 것이고 준 만큼 받을 것이다. 거래는 금전이나 물건이 교환의 대상으로 이동할 때에 성사되는 것이다. 거래가 성사되면 이는 기록의 대상이 되는 것이다. 따라서 금전이나 물건이 교환되지 않을 경우는 거래가 성사되지 않은 것이고 이는 기록의 대상이 되지 못한다. 거래를 기록한다는 것은 관련 당사자들이 모두 이해하는 방법으로 거래와 관련된 사실을 작성하여야 할 것이다.

(2) GIVE & TAKE로 기록

데이터(data)가 모여 정보(information)가 되고 정보가 모여 지식(knowledge)이 된다. 거래로 발생한 사건을 지식으로 활용할 수 있을 정도의 데이터로 만드는 것이 회계의 숙제다. 앞 제1장에서 회계가 필요한 이유들에 대해 알아보았다. 그 이유에 적합한 정보를 제공해야 하는데 그 출발점이 데이터 작성이다. 거래를 종이 위에 먼저 데이터화해야 하는데 그 내용은 거래 사실을 충실히 표현하면서도 간결해야 한다. 그래야 목적하는 정보를 만들 수 있다. 같은 데이터를 가지고 있는 여러 사람들은 같은 정보를 얻을 수 있어야 한다. 만약 같은 데이터를 가졌는데 얻는 정보가 달라지면 이는 데이터로서 의미를 상실하는 것이다. 따라서 데이터를 만드는 데서부터 사회적 합의가 이루어져야 하고 그 합의된 방식이 널리 사용되어야 한다. 저자는 데이터 작성의 근간을 give & take로 보고 기록해 보니 원하는 정보를 얻을 수 있었고 현대의 회계를 설명하는 데 달리 더 나은 방법을 찾을 수 없었다.

'거래(去來)'를 글자 그대로 보면 주고받기이고 영어로 옮기면 흔히 알고 있듯이 give & take임을 모르는 사람이 없을 것이다. 이 책의 기저에 흐르는 회계의 출발점이 바로 주고받기이다. 결론적으로 말하자면 거래를 주고받기로 인식하기 시작해 회계의 산을 정복해 가고자 한다. 거래를 분석해 보면 무언가를 주고 무언가를 받는 과정이다. 주는 것만 있고 받는 게 없거나 받는 것만 있고 주는 것이 없는 것은 거래가 아니다. 그것은 한쪽이 손해를 보거나 다른 한쪽이 이익을 누리는 것이기에 일반적인 거래로 보기는 곤란하다. 거래는 쌍방이 같은 심리적 무게로 느끼는 지점의 교환이다. 중국어에서는 거래를 교역(交易)으로 표기하는데 이 또한 쌍방이 서로 바꾼다는 의미이기 때문에 우리의 거래와 같다.

소금 장수 이야기로 회계 여정을 시작한다.

염전 주인은 창고지기를 두고 있었고 창고지기는 소금의 생산과 판매 등 제반 관리를 하였다. 창고지기는 소금 10kg을 건넛마을 김 씨네가 김치를 담그는 데 필요하다고 하여 12월 1일에 가져다주고 쌀 20kg을 받아 왔다. 12월 2일에 농부에게 소금 200kg을 주고 쌀 400kg과 교환하였다. 12월 3일 소금 100kg을 시장에서 상인에게 주고 밀 500kg과 교환하였다. 12월 4일 소금 100kg을 옆 마을 송 씨네에 주고 돼지고기 100kg을 가져왔다. 12월 5일 돼지고기 50kg을 농부 김 씨에게 주고 훈제 소시지 20kg을 받아 왔다. 12월 6일 소금 1,000kg을 김 씨네에 주고 쌀 2,000kg을 가져왔다. 12월 7일 쌀 500kg을 주고 밀 1,500kg을 가져왔다.

12월 8일 오전에 염전 주인은 현재 소금이 얼마나 있는지 물었다. 이에 창고지기는 12월 1일 재고가 5,000kg 있었고 물물교환으로 소금이 1,410kg이 출고되어 현재 창고에는 3,590kg이 있다고 답하였다. 이에 염전 주인이 장부를 보자고 하자 창고지기는 다음의 서류를 제시하였다.

서류 1

- 12월 1일에 소금 10kg을 주고 쌀 20kg을 받아 왔다.
- 12월 2일 소금 200kg을 주고 쌀 400kg과 교환하였다.
- 12월 3일 소금 100kg을 주고 밀 500kg과 교환하였다.
- 12월 4일 소금 100kg을 주고 돼지고기 100kg을 가져왔다.
- 12월 5일 돼지고기 50kg을 주고 훈제 소시지 20kg을 받아 왔다.
- 12월 6일 소금 1,000kg을 주고 쌀 2,000kg을 가져왔다.
- 12월 7일 쌀 500kg을 주고 밀 1,500kg을 가져왔다.

서류 2

구 분	준 것(去, give)		받은 것(來, take)	
	품명	수량	품명	수량
12/1	소금	10	쌀	20
12/2	소금	200	쌀	400
12/3	소금	100	밀	500
12/4	소금	100	돼지고기	100
12/5	돼지고기	50	소시지	20
12/6	소금	1,000	쌀	2,000
12/7	쌀	500	밀	1,500

염전 주인은 서류를 보고 아주 잘 정리되어 있다고 창고지기를 칭찬하였다. 그러면서 그는 두 가지를 제안하였다. 하나 "준 것을 왼쪽에, 받은 것을 오른쪽에 기재하였는데 이유가 뭔지는 모르겠지만 서류를 볼 때 창고에 있는 것을 왼쪽에, 준 것을 오른쪽에 기록하는 게 보기에 더 좋은 것 같다. 서류를 볼 때 주로 먼저 보는 곳이 왼쪽이고, 이곳에 우리 것이 되는, 받는 물건을 기록하는 게 어떨까?" 하는 것이다.

다른 하나는 "물건의 종류별로 서류를 하나 더 만들면 어떨까? 그렇게 되면 물건의 종류별로 재고 확인이 바로 될 것 같다. 소금의 현재 재고가 얼마인지 알기 위해서 두 번째 서류를 가지고 집계를 해서 결과물을 알려줬는데 추가로 서류 2를 기초 삼아 아예 종류별로 만들어 재고 자료를 더 세밀하게 정리하면 어떨까?" 하는 것이다.

창고지기는 받는 것이 오른쪽에 기록되든 왼쪽에 기록되든 그것은 선택의 문제이지 옳고 그름의 문제는 아니라고 생각했다. 또 염전 주인의 말처럼 나의 것이 되는, 받는 것을 왼쪽에 기록하는 것이 내용의 전달력이 더 있겠다 싶어 다음과 같이 다시 기록해 보았다. 그리고 서류 2의 부제로 '거래 코딩'이라는 제목을 붙였다. 코딩이란 주어진 명령을 컴퓨터가 이해할 수 있고 결과물을 유출하기 위한 최초의 유용한 언어로 입력하는 것을 말한다. 전체 프로그램의 최초 단위가 코딩인 점을 감안하여 회계에서도 정보를 제대로 얻기 위해서 하는 최초의 인식과 분류작업을 거래 코딩이라는 명칭을 사용해 보았다.

(서류 2(거래 코딩))

구 분	받은 것(來, take)		준 것(去, give)	
	품명	수량	품명	수량
12/1	쌀	20	소금	10
12/2	쌀	400	소금	200
12/3	밀	500	소금	100
12/4	돼지고기	100	소금	100
12/5	소시지	20	돼지고기	50
12/6	쌀	2,000	소금	1,000
12/7	밀	1,500	쌀	500

서류 2를 만들고 이어서 품목별로 다음과 같이 추가 서류 3을 만들어 보았다.

구 분	받은 것(來, take)		준 것(去, give)	
	품명	수량	품명	수량
12/1			소금	10
12/2			소금	200
12/3			소금	100
12/4			소금	100
12/6			소금	1,000
합계				1,410

서류 3-1(소금)을 보니 12월 중 거래로 소금 1,410kg이
나가고 들어온 소금은 없다. 서류 3-1(소금)을 작성했다
면 창고지기는 창고에서 나간 물량을 즉시 계산할 수 있
고 현재 창고의 소금재고도 바로 계산이 가능해진다.

서류 3-2(쌀)

구 분	받은 것(來, take)		준 것(去, give)	
	품명	수량	품명	수량
12/1	쌀	20		
12/2	쌀	400		
12/6	쌀	2,000		
12/7			쌀	500
합계		2,420		500

서류 3-2(쌀)을 만들어 보면 쌀의 입고와 출고를 한눈에 볼 수 있고 재고 파악도 바로 가능해진다. 입고된 쌀은 모두 2,420kg이고 출고된 쌀은 500kg으로 만약 11월 30일에 쌀이 재고가 없었다면 12월 8일 현재 재고는 1,920kg이 된다. 이렇게 계산된 서류와 실재하는 재고를 비교해 보면 검증이 된다. 입출의 물량과 재고를 파악하는 것이 장부를 작성하는 이유 중 하나이다.

서류 3-3(밀)

구 분	받은 것(來, take)		준 것(去, give)	
	품명	수량	품명	수량
12/3	밀	500		
12/7	밀	1,500		
합계		2,000		

서류 3-3(밀)의 장부를 보면 밀이 모두 2,000kg이 입고되었고 출고된 것은 없다는 것을 기록하였다. 마찬가지로 11월 30일에 밀의 재고가 없었다면 현재 재고는 2,000kg이 된다.

구 분	받은 것(來, take)		준 것(去, give)	
	품명	수량	품명	수량
12/4	돼지고기	100		
12/5			돼지고기	50
합계		100		50

　서류 3-4(돼지고기)는 기간 동안 100kg의 돼지고기를 입고하고 50kg의 돼지고기를 출고하였기에 11월 30일에 돼지고기 재고가 없었다면 현재의 재고는 50kg으로 장부에 기록되어 있고 직접 창고에 가서 그 내용을 확인해 보면 50kg이 있을 것이다.

서류 3-5(소시지)

구 분	받은 것(來, take)		준 것(去, give)	
	품명	수량	품명	수량
12/5	소시지	20		
합계		20		

　서류 3-5(소시지)를 보면 20kg이 입고는 되었는데 출고된 것이 없으니 창고에 20kg이 있다.

창고지기는 서류 1, 2, 3을 염전 주인에게 보여 주었다. 염전 주인이 그 내용을 찬찬히 보았다. 거래 사실을 도표를 통해 본 염전 주인은 거래를 정확히 이해할 수 있었다. 그러면서 그는 또 다른 제안을 하였다. 사실 우리가 보유한 재고가 지금은 5종류에 불과하지만 그것이 50가지가 된다면 종류별로 입출고 내역과 재고를 파악하기에는 부족하니 추가로 보완할 장부를 만들어 보라는 것이었다. 이에 창고지기도 한 단계만 더 나가면 주인의 의중을 충분히 반영할 장부를 만들 수 있겠다는 생각이 들어 다음처럼 장부를 추가로 만들었다.

서류 4(집계)

받은 것(來, take)		준 것(去, give)	
품명	수량	품명	수량
		소금	1,410
쌀	2,420	쌀	500
밀	2,000		
돼지고기	100	돼지고기	50
소시지	20		

앞에서 서류 3의 장부를 기재한 기간 동안의 집계를 해 보니 소금은 1,410kg 출고하였고 쌀 2,420kg을 받고

500kg을 출고하였다. 밀은 2,000kg을 입고하였으나 출고는 없으며 돼지고기는 100kg을 입고하고 50kg을 출고하였다. 마지막으로 소시지는 20kg을 입고만 하고 출고는 없었다. 서류 4를 바탕으로 현재 창고의 재고를 다음과 같이 기록하였다. 11월 말에 창고에는 5,000kg의 소금이 있었고 출고된 것만 1,410kg이므로 현재 창고에는 3,590kg이 있다. 그리고 11월 말에는 창고에 소금만 있었다고 가정하면 현재의 창고에는 다음의 물품이 있을 것이다.

(서류 5(재고 현황))

품명	수량
소금	3,590
쌀	1,920
밀	2,000
돼지고기	50
소시지	20

서류 4는 주고받은 총량치를 기록한 것이고 서류 5는 12월 8일 오전에 창고에 있는 물건들의 품목과 수량을 구체적으로 기록한 서류이다. 창고지기가 작성한 서류 4, 5를 본 염전 주인은 자신의 궁금증을 모두 해결해 주

는 서류를 만들어 준 창고지기를 칭찬하면서 앞으로 장
부를 잘 작성하여 본인이 필요로 할 때마다 보여 줄 것
을 주문하였다.

(3) 분류와 취합 후 정리

위의 거래 중 12월 1일의 거래 사실을 육하원칙에 충
실한 서류로 재해석하면 다음처럼 만들 수 있다.

5W1H(기록)

누가(who): 창고지기, 김 씨

언제(when): 12월 1일

어디서(where): 김 씨네 집

무엇을(what): 소금 10kg과 쌀 20kg

어떻게(how): 서로 교환함

왜(why): 김 씨는 김장에 소금이 필요하고 창고지기
는 끼니를 해결할 쌀이 필요해서

육하원칙에 따라 기록해 보니 내용은 아주 쉽게 파악
된다. 이러한 방법으로 기록한 서류만으로 장부를 만든
다면 재고가 얼마 있는지, 무엇을 얼마나 팔았는지, 무
엇을 얼마만큼 받았는지에 대한 정보를 얻는 데는 위의
서술형 거래 data로써는 한계가 많다. 육하원칙 중 언

제, 무엇을 주고받았는지에 대한 정보만을 단순화시켜 정리해도 나중에 충분히 유용한 정보를 얻을 수 있어 다음과 같이 정리하였다.

구분	받은 것(來, take)		준 것(去, give)	
	품명	수량	품명	수량
12/1	쌀	20	소금	10

창고지기는 12월 1일에 소금 10kg을 주고 쌀 20kg을 받은 것을 이렇게 기록하였다. 거래는 give & take로 양면성이 있어 지면에 왼쪽과 오른쪽으로 정리하였다. 이런 방법으로 기록한 정보를 앞의 서류 3, 4, 5로 정리하였다. 그 결과 물품의 이동 총량을 즉시 파악할 수 있게 되었으며 확인하고자 하는 날 현재의 재고 파악도 장부로 인해 쉽게 할 수 있게 되었다.

◆ 거래를 기록하는 방식

거래는 주고받기라는 두 가지 요소의 결합이고 이 주고받기의 두 가지를 기록하는 경우의 수를 보면 다음과 같이 4개가 있다.

1. give를 왼쪽에 take를 오른쪽에

give	take

2. take를 왼쪽에 give를 오른쪽에

take	give

3. give를 위쪽에 take를 아래쪽에

give
take

4. take를 위쪽에 give를 아래쪽에

take
give

이 중 물량 흐름과 서류 작성 순서에 부합하는 것이 2번이다.

앞에서도 거래를 기록하는 방법은 give & take를 바탕으로 왼쪽과 오른쪽으로 나누어 기록하였다. 이를 주는 것과 받는 것으로 기록할 때 받는 것을 왼쪽에, 주는 것을 오른쪽에 기록하면서 재고 현황까지 알아볼 수 있는 장부를 만들었다. 이에 더하여 받아야 할 것(채권)은 준 것과 상대편에 있어야 해서 받은 것과 같이 왼쪽에, 주어야 할 것(채무)은 받은 것과 상대편에 있어야 해서 준 것과 같은 오른쪽에 기재한다.

받은 것(來, take)	준 것(去, give)
받을 것	주어야 할 것

거래를 기록할 때 받은 것(來, take)과 받을 것, 즉 채권 등 권리는 다음 장부터는 장부의 왼쪽에 take로 표기하고, 준 것(去, give)과 주어야 할 것은 오른쪽에 give로 표기하고자 한다. 더 나아가 거래의 불균형이 발생한 상황의 표기는 어떨까? 예를 들어, 현금 100원을 받았는데 보관 중이던 쌀 70원짜리 물건을 주었다면 어떨까?

받은 것(來, take)	준 것(去, give)
현금 100	쌀 70

판 사람의 입장에서 두 가지 측면을 생각해 볼 수 있다. 하나는 30원을 더 받은 것으로 다른 하나는 30원 덜 준 것으로 말이다. 거래는 보편적 상식과 이성을 가진 사람이라면 주고받는 것이 일치할 것이다. 그럼에도 위와 같은 거래가 성사되는 것은 쌀을 취득한 사람이 더 주고도 사야 하는 상황이 있기 때문이다. 그렇다면 판매자 입장에서 이를 어떻게 기록해야 할까를 고민해 본다면 결과는 다음과 같다.

받은 것(來, take)	준 것(去, give)
현금 100	쌀 70 덜 준 것(거래 이익) 30

차액 30원을 덜 준 것으로 하여, 준 것 항목에 기록하고 그 내용을 검토하니 판매자 입장에서는 거래로 이익이 생긴 금액하고 일치한다. 이에 거래 이익이라 하고 give 항목에 기입하니 왼쪽과 오른쪽의 금액이 일치함을 볼 수 있다.

반대로 쌀 100원짜리를 건네주고 현금 70원을 받은 경우를 어떻게 기록하는지를 보자.

받은 것(來, take)	준 것(去, give)
현금 70	쌀 100

　마찬가지로 이 거래에 대해 장부를 작성하는 경우 두
가지 측면을 생각할 수 있다. 하나는 현금 30원을 덜 받
은 것으로, 다른 하나는 쌀을 30원어치 더 준 것으로 생
각할 수 있다. 이 경우 앞의 예처럼 판매자 입장에서 기
록은 다음과 같다.

받은 것(來, take)	준 것(去, give)
현금 70 덜 받은 것(거래 손실) 30	쌀 100

　차액 30원을 덜 받은 것으로 하여 받은 것 항목에 기
록하고 그 내용을 검토하니 판매자 입장에서는 거래로
손실이 생긴 금액하고 일치한다. 이에 거래 손실이라
하고 take 항목에 기입하니 왼쪽과 오른쪽의 금액이 일
치함을 볼 수 있다.
　거래의 발생 시점에 받은 것과 나중에 받기로 한 것,
그리고 받지 못한 것(덜 받은 것 포함)은 받거나, 받
기로 하거나, 받았어야 하는 것이기에 큰 틀에서 모두
take에 기록한다. 반대로 거래의 발생 시점에 준 것과

나중에 주기로 한 것 그리고 주지 않은 것(덜 준 것 포함)은 주거나, 주기로 하거나, 주었어야 하는 것이기에 큰 틀에서 모두 give에 기록한다.

take	give
받은 것 나중에 받기로 한 것 받지 못한 것	준 것 나중에 주기로 한 것 주지 않은 것

　take, give로 한 표기도 조만간 다른 이름으로 바뀔 것이다. 그럼에도 지금까지의 의미 있는 내용이 많아 잠시 그렇게 사용하고자 한다. 또한 주고받기의 기록에서 왼편의 금액과 오른편의 금액은 일치함을 보았다. 이는 큰 그림을 위한 작은 규칙이다. 거래 기록에서 이렇게 하는 것은 결과에 이르는 최소의 규칙이다. 다 계획하고 좌우의 금액을 일치시키는 것이니 지금은 가볍게 받아들이자.

take	give
받은 것 나중에 받기로 한 것 받지 못한 것	준 것 나중에 주기로 한 것 주지 않은 것

　상기 표의 take의 받은 것과 give 항목의 3가지를 예

를 들어 설명해 본다. 현금 100만 원을 받고 소금 10자루(개당 10만 원에 구입)를 주는 계약을 하고 다음과 같이 거래하였다.

첫째, 100만 원을 받고 즉시 소금 10자루를 주었다.

take		give	
품명	수량	품명	수량
현금	1,000,000	소금	1,000,000

둘째, 100만 원을 받고 소금을 일주일 후에 주기로 하였다.

take		give	
품명	수량	품명	수량
현금	1,000,000	채무	1,000,000

아직 소금을 주지 않았기에 회사 입장에서는 갚아야 할 채무이다.

셋째, 100만 원을 받고선 소금 8자루만 주기로 했다.

take		give	
품명	수량	품명	수량
현금	1,000,000	소금 거래 이익	800,000 200,000

덜 준 2자루의 가치만큼 회사는 거래 이익이 발생했다.

추가로 give의 준 것과 take 항목의 3가지를 예를 들어 설명해 본다. 현금 50만 원을 주고 쌀 5자루(자루당 10만 원에 구입)를 받는 계약을 하고

첫째, 50만 원을 주고 즉시 쌀 5자루를 받았다.

take		give	
품명	수량	품명	수량
쌀	500,000	현금	500,000

둘째, 50만 원을 주고 쌀은 1주일 후에 받기로 하다.

take		give	
품명	수량	품명	수량
채권	500,000	현금	500,000

아직 쌀을 받지 못하였기에 회사 입장에서는 채권이다.

셋째, 50만 원을 주고 쌀은 4자루만 받게 되었다.

take		give	
품명	수량	품명	수량
쌀	400,000	현금	500,000
거래 손실	100,000		

덜 받은 1자루의 쌀값 100,000원의 손해를 보았다.

여기서 더 알 수 있는 것은 take류(받은 것, 나중에 받기로 한 것, 받지 못한 것)는 왼쪽에 위치함을 알 수 있다. 이는 반대의 give의 준 것과 거래의 짝을 이루기 때문이다. 마찬가지로 give류(준 것, 나중에 주기로 한 것, 주지 않은 것)는 오른쪽에 위치하고 이는 take의 받은 것과 거래의 짝을 이루기 때문이다.
또한 take의 나중에 받기로 한 것과 받지 못한 것이 give의 나중에 주기로 한 것과 주지 않은 것으로 이루어진 거래는 없다. 이는 계약 단계 등에 있는 것이어서 거래로 볼 수 없다. 거래로 인식되려면 받은 것과 준 것 중 최소한 하나 이상은 실행되어야 한다. 즉, 내일 현금을

50만 원 주고 쌀 5자루를 받기로 약속하였다는 것은 받은 것과 준 것 중 실행된 것이 없어 서로를 구속할 근거가 없다. 따라서 이런 경우는 장부에 기록하지 않는다. 그래서 회계에서는 거래가 아니다.

◆ take/give의 분류와 내용

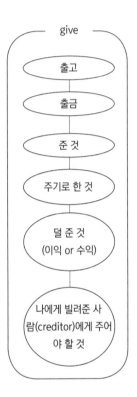

take

- 입고
- 입금
- 받은 것
- 받기로 한 것
- 덜 받은 것 (손해 or 비용)
- 나에게 빌린 사람 (debtor)으로부터 받아야 할 것

give

- 출고
- 출금
- 준 것
- 주기로 한 것
- 덜 준 것 (이익 or 수익)
- 나에게 빌려준 사람(creditor)에게 주어야 할 것

제 2 장

거래유형별 기록

앞서 1장에서는 소금 장수를 예로 들어 거래를 기록해 보았다. 연장선에서 여러 가지의 거래에 대해서도 알아보고자 한다. 거래가 양면성을 띠고 있어 지면을 좌우로 나누어 기재함을 보았다. 왼쪽에는 take를, 오른쪽에는 give 내역을 기재한다. 이는 예금통장을 보더라도 입금이 되어야 출금을 할 수 있듯이 물건의 경우도 마찬가지로 입고가 되어야 출고가 가능하다. 문장의 순서에 굳이 선후를 따지자면 지면의 왼쪽에서 출발하니 이쪽에 입고인 take를 기록하고 추후 발생하는 출고는 오른쪽에 give를 기재하는 방식을 택했다. 누군가 이렇게 정한 것이 현재까지 회계의 면면에 녹아 있으니 여기에 옳고 그름을 논하는 것은 나로서는 의미가 없다. 다시 한번 말하지만 회계는 사회현상을 기록하는 방편이지 진리의 문제가 아니다. 따라서 재화의 입고를 왼쪽에, 출고를 오른쪽에 기재하는 것은 선택의 문제이다. 그리고 그 선택이 현재까지 이어져 사용되는 것을 보았을 때 그 선택은 충분히 의미를 가진다고 판단한다.

1. 물물교환 거래

화폐의 유통이 시작되기 전 사회에서는 거래가 대체로 물물교환으로 이루어졌다. 앞서 제1장에서의 거래 기록을 참고 바란다.

2. 화폐 사용 거래

화폐가 거래의 주요 수단으로 정착된 시대의 거래를 기록해 보고자 한다. 다음의 거래에 대해 제1장처럼 장부 작성을 해 보고자 한다. 1월 1일 거래가 시작되기 전에 현금만 10,000,000원이 금고에 있었고 창고는 비어 있었다.

(서류 1)

- 1월 1일에 현금 100,000원을 주고 쌀 20kg을 구입하였다.

- 1월 2일 현금 2,000,000을 주고 쌀 400kg을 구입하
  였다.
- 1월 3일 현금 1,000,000원을 주고 밀 500kg을 구입
  하였다.
- 1월 4일 쌀 200kg을 주고 현금 1,000,000원을 받았
  다.

서류 2(거래 코딩)

구 분	받은 것(來, take)		준 것(去, give)	
	품명	수량	품명	수량
1/1	쌀	20kg	현금	100,000
1/2	쌀	400kg	현금	2,000,000
1/3	밀	500kg	현금	1,000,000
1/4	현금	1,000,000	쌀	200kg

서류 1에 근거한 표를 만들어 보니 서류 2와 같다. 기
록의 원칙은 받은 것을 왼쪽에, 준 것을 오른쪽에 기록
하였다. 이어서 서류 3을 만들고자 한다.

서류 3-1(현금)

구 분	받은 것(來, take)		준 것(去, give)	
	품명	수량	품명	수량
1/1			현금	100,000
1/2			현금	2,000,000
1/3			현금	1,000,000
1/4	현금	1,000,000		
합계		1,000,000		3,100,000

거래 전에 10,000,000원이 있었고 4일간 현금이 1,000,000원 들어오고 3,100,000원이 나갔으니 1월 4일 현재는 7,900,000원을 보유하고 있다.

서류 3-2(쌀)

구 분	받은 것(來, take)		준 것(去, give)	
	품명	수량	품명	수량
1/1	쌀	20kg		
1/2	쌀	400kg		
1/4			쌀	200kg
합계		420kg		200kg

4일 동안 쌀을 420kg을 구입해서 200kg을 출고했으

니 4일 현재 쌀은 220kg 창고에 남아 있다.

구 분	받은 것(來, take)		준 것(去, give)	
	품명	수량	품명	수량
1/3	밀	500kg		
합계		500kg		

4일간 밀을 500kg 구입해서 출고한 게 없으니 4일 현재 창고에 밀은 500kg 남아 있다.

받은 것(來, take)		준 것(去, give)	
품명	수량	품명	수량
현금	1,000,000	현금	3,100,000
쌀	420kg	쌀	200kg
밀	500kg		

서류 4는 서류 3에 대한 집계이며 이를 통해 알 수 있는 것은 다음과 같다. 이 기간 동안 현금은 1,000,000원 들어왔고 3,100,000원의 지출이 있다. 또한 쌀은 420kg

입고되고 200kg이 출고되었음을 나타낸다. 그리고 밀은 500kg을 구입해 와서 그대로 가지고 있음을 나타낸다.

서류 5(재고 현황)

품명	수량
현금	7,900,000
쌀	220kg
밀	500kg

서류 5는 재고 현황을 알려 주는 장부이다. 1일 거래 시작 전에 현금을 10,000,000원 보유하다가 이 기간 동안 1,000,000원이 들어오고 지출이 3,100,000원 있기에 창고업자의 금고에는 현금이 7,900,000원이 있다.

쌀은 이 기간 동안 420kg을 구입하고 200kg을 처분하였기에 창고에는 220kg이 남아 있다. 또한 밀은 기간 동안 500kg을 구입하고 처분한 것이 없어 그대로 500kg을 가지고 있다는 것을 알려 준다.

◆ 현금의 위치에 대한 의견

 앞에서 물건의 입고는 왼쪽에, 물건의 출고는 오른쪽에 기재하였다. 거래에는 주고받기의 두 가지 사건이 결합되어 있고 이를 서류로 만든다면 두 가지를 기록해야 한다. 두 가지를 섞어 기록하기보다 구분하여 기록하여야 추후에 분류 및 집계로 기록의 효용성을 높일 수 있다. 두 가지를 왼쪽과 오른쪽으로 나누어 기록하고자 할 경우(위와 아래로도 기록할 수 있으나 여러 이유로 선택받지 못함), 주는 것을 왼쪽에 기재할 것인가 받는 것을 왼쪽에 기재할 것인가 하는 선택의 기로에서 받는 것을 왼쪽에, 주는 것을 오른쪽에 기재하기로 정하였다. 따라서 현금도 물건이고 현금이 들어올 때는 왼쪽에, 나갈 때는 오른쪽에 기재하면 다른 물건의 거래에 대한 기록과 일관성을 유지하게 된다.

 ex) 쌀 20kg을 주고 현금 100,000원을 받을 경우

take(받기)		give(주기)	
품명	수량	품명	수량
현금	100,000	쌀	20kg

ex) 현금 150,000원을 주고 소금 30kg을 받을 경우

take(받기)		give(주기)	
품명	수량	품명	수량
소금	30kg	현금	150,000

3. 신용 거래

물물교환이나 현금 거래를 하던 시기에도 상대방을 신뢰하고 일방의 대가가 없이도 거래가 이루어졌는데 이를 신용 거래라 한다. 다음의 거래를 바탕으로 제1장처럼 장부 작성을 해 보고자 한다. 7월 1일 거래가 시작되기 전에 현금만 5,000,000원이 금고에 있었고 창고는 비어 있었다.

서류 1

- 7월 1일 현금 2,000,000을 주고 쌀 400kg을 구입하였다.
- 7월 2일 A에게 1,000,000원을 나중에 받기로 하고 쌀 200kg을 전달하였다.
- 7월 4일 A에게서 쌀값으로 현금 1,000,000원을 받았다.

구 분	받은 것(來, take)		준 것(去, give)	
	품명	수량	품명	수량
7/1	쌀	400kg	현금	2,000,000
7/2	채권	1,000,000	쌀	200kg
7/4	현금	1,000,000	채권	1,000,000

　서류 1에 근거한 표를 만들었다. 기록의 원칙은 받은 것을 왼쪽에, 준 것을 오른쪽에 기록하였다. 7월 2일에 쌀 200kg의 대가를 받지 못한 금액 1,000,000원에 대한 명칭을 채권으로 기재하였다. 채권이란 돈을 받을 권리라는 의미로 A에게서 1,000,000원을 받아야 소멸된다. 여기서 새로운 거래 대상의 명칭으로 채권이 있다. 이는 권리이지 물건이 아니기에 어떻게 기록해야 할지 당황스럽다. 우선 쌀 200kg을 주었기에 준 물건은 오른쪽으로 기재함은 익히 알 것이다. 그런데 그에 상응하는 받은 것이 있어야 하는데 아직 받지 못했다. 이때 사용하는 것이 받을 권리, 즉 채권이다. 거래에 있어 주고받기를 동시에 할 수도 있지만 받는 것을 미루게 될 때 표시하는 방법이 채권이다. 거래에 있어 현재의 받은 것(來)과 미래의 받을 것이 같은 곳, 왼쪽에 위치함을 알 수 있다. 마찬가지로 오른쪽의 준 것(去)도 현재 준 것

과 미래의 줄 것을 동시에 기록할 곳이다. 줄 것이 나중에 나오면 그때 설명하고자 한다.

서류 3-1(쌀)

구 분	받은 것(來, take)		준 것(去, give)	
	품명	수량	품명	수량
7/1	쌀	400kg		
7/2			쌀	200kg
합계		400kg		200kg

쌀의 이 기간 동안 물량의 흐름은 입고가 400kg이 되고 출고가 200kg이 발생했다는 것을 알 수 있다.

서류 3-2(현금)

구 분	받은 것(來, take)		준 것(去, give)	
	품명	수량	품명	수량
7/1			현금	2,000,000
7/4	현금	1,000,000		
합계		1,000,000		2,000,000

현금은 거래 시작 전에 5,000,000원이 있었고 이후

2,000,000원이 나가고 1,000,000원이 금고에 들어왔음을 알 수 있다.

구분	받은 것(來, take)		준 것(去, give)	
	품명	수량	품명	수량
7/2	채권	1,000,000		
7/4			채권	1,000,000
합계		1,000,000		1,000,000

쌀 200kg을 주고 그에 상응하는 물건을 받지 못하였지만 물건을 가져간 당사자에게 받을 권리는 생겼다. 권리가 발생한 시점에 물건을 받은 것과 같이 왼쪽에 기재하고 그에 상응하는 대가를 받는 날에 권리를 준 것으로 오른쪽에 기재하면 give & take를 근간으로 하는 장부 작성의 큰 범주에 포함된다. 만약 채권이 실체가 아니라 권리이므로 채권만을 장부 작성에서 제외한다면 준 것은 있는데 받은 것은 없어지는 결과가 된다. 이것은 거래의 범주를 벗어나게 되고 또 거래 기록에 있어서 권리를 장부에서 누락하므로 사후 권리 행사에 허점이 생길 수 있어 기록과 관리가 반드시 필요하다. 따라서 흔히 보던 물건이 아닌 권리도 장부의 기록 대상이고 그 위치는 현재의 받은 것 쪽에 미래에 받을 것으로 왼쪽에

기재한다. 결론적으로 받은 것과 받을 것은 회사에 속한 재산으로 그 성격이 다르지 않다. 마찬가지로 준 것과 줄 것은 회사의 재산이 아니기에 또한 성격이 같다. 서류 3-3과 같이 창고지기는 7월 2일에 1,000,000원을 받을 권리가 생겼을 때 왼쪽에 기재하고, 이후 7월 4일에 현금 1,000,000원을 받았다면 그것은 권리를 주고 현금과 교환하였기에 그 권리는 7월 4일에 오른편에 기재하는 것이다.

서류 4(집계)

받은 것(來, take)		준 것(去, give)	
품명	수량	품명	수량
쌀	400kg	쌀	200kg
현금	1,000,000	현금	2,000,000
채권	1,000,000	채권	1,000,000

이 기간 동안 창고지기의 창고에 쌀 400kg이 입고되고 200kg이 출고되었다. 금고에 현금은 1,000,000원이 들어왔다가 2,000,000원이 빠져나갔다. 또 한편으로는 채권이 1,000,000원이 생겼다가 현금 1,000,000원과 교환하여 그 채권은 소멸하였다.

품명	수량
쌀	200kg
현금	4,000,000
채권	0

쌀과 채권의 재고는 서류 4에서 충분히 설명된다. 다만 현금의 경우 거래 시작 전 5,000,000원이 금고 안에 있었고 이후 쌀을 구입하면서 2,000,000원을 사용하고 그중 일부를 처분하여 1,000,000원의 현금을 받았기에 거래 기간 말에는 현금의 잔액이 4,000,000원이 된 것이다.

4. 손익 거래

지금까지 물물교환 거래, 화폐 거래, 신용 거래의 기록 방법을 알아보았다. 실제 상거래에서 발생하는 손익 거래를 다루고자 한다. 손익이라 함은 거래로 인해 한쪽이 이익이나 손실을 보는 것을 말한다. 덧붙여 용역을 제공받고 상응하는 대가를 지불하는 것은 비용 항목인데 이는 손실의 범주에 속한다. 상거래는 물건을 판매하거나 용역을 제공하고 그에 대한 대가를 받는 것으로 시작된다. 교환 거래 등으로 거래를 최초로 인식하는 방법을 알았고 그것을 바탕으로 판매 거래도 기록해 보고자 한다. 다음의 거래를 장부에 기록해 보자. 거래가 시작되는 시점에 상인의 금고에는 현금 100만 원이 있었다.

1) 서류 1의 내용을 가지고 지금까지 정리하던 방법대로 기록해 보고자 한다.

서류 1

- 8월 1일 1세트당 7만 원을 주고 그릇 공장에서 10개의 식기세트를 구입해 왔다.
- 8월 15일 1세트를 10만 원에 팔았다.
- 8월 17일 2세트를 20만 원에 팔았다.
- 8월 31일 나머지 7세트를 세트당 9만 원에 팔았다.
- 8월 31일 판매에 수고한 점원에게 10만 원을 지급하였다.

구 분	받은 것(來, take)		준 것(去, give)	
	품명	수량	품명	수량
8/1	식기세트	10개	현금	700,000
8/15	현금	100,000	식기세트	1개
8/17	현금	200,000	식기세트	2개
8/31	현금	630,000	식기세트	7개
8/31	인건비	100,000	현금	100,000

　서류 1의 상기 거래 상황에 대하여 서류 2를 작성하였다. 이 거래 기록에서 새로 등장한 것이 하나있다. 다름아닌 인건비이다. 점원에게 급료 100,000원을 지불하였는데 이를 다음과 같이 기록한 것이다.

구 분	받은 것(來, take)		준 것(去, give)	
	품명	수량	품명	수량
8/31	인건비	100,000	현금	100,000

　그 내용을 보면 준 것인 현금 100,000원은 이해할 수있는데 받은 것 인건비 100,000원은 무엇일까? 이해가 필요할 것 같다. 받은 것은 바로 종업원의 노동력이고 이는 인건비라는 명칭으로 기록하였고 그 가치가

100,000원이기에 또 수량은 100,000원으로 기재한 것이다.

서류 3-1(현금)

구 분	받은 것(來, take)		준 것(去, give)	
	품명	수량	품명	수량
8/1			현금	700,000
8/15	현금	100,000		
8/17	현금	200,000		
8/31	현금	630,000		
8/31			현금	100,000
합계		930,000		800,000

월초에 가진 1,000,000원이 있었고 이후 식기세트 10개를 700,000원에 구입한 후 10세트 모두를 930,000원을 받고 처분하였다. 그리고 인건비를 100,000원 지급하였기에 말일의 현금 잔액은 1,130,000원이 된다. 이 거래 이외에 다른 일이 없었다면 이 기간 동안 130,000원의 현금이 증가한 것이고 이는 결국 그만큼의 이익을 보았다는 것이다.

구 분	받은 것(來, take)		준 것(去, give)	
	품명	수량	품명	수량
8/1	식기세트	10개		
8/15			식기세트	1개
8/17			식기세트	2개
8/31			식기세트	7개
합계		10개		10개

한 달 동안 식기세트를 10개 구매해서 그 모두를 처분했음을 알 수 있다. 따라서 월말에는 창고에 식기세트의 재고가 없는 것이다.

서류 3-3(인건비)

구 분	받은 것(來, take)		준 것(去, give)	
	품명	수량	품명	수량
8/31	인건비	100,000		
합계		100,000		

직원의 인건비 명목으로 현금 100,000원을 지급하였다.

받은 것(來, take)		준 것(去, give)	
품명	수량	품명	수량
현금	930,000	현금	800,000
식기세트	10개	식기세트	10개
인건비	100,000		

서류 4는 기간 동안 현금이 930,000원이 유입되었고
현금의 유출이 800,000원이 있어 순유입액은 130,000원
이다. 식기세트 10세트를 들여와 10세트를 처분하였기
에 월말에는 재고가 없다.

서류 5(재고 현황)

품명	수량
현금	1,130,000
식기세트	0개

거래 시작 시점에 현금 1,000,000원이 있었고 이후 순
유입액이 130,000원이기에 기말에는 1,130,000원의 현
금이 금고에 있다. 식기세트는 구입한 전량을 모두 처
분하였기에 기말에는 재고가 없다. 다만 서류 4 중 인

건비가 월말에 재고인지 여부를 검토해 보자. 인건비는 이미 지불해서 월말에는 그것에 대한 의무나 혹은 실체적 사물이 없다. 그렇지만 그 내용을 무시하면 거래 전체의 흐름을 놓치게 된다. 이런 것들, 즉 월말에 재화나 권리 등은 아니나 기중에 거래되어 사라진 항목들을 다음처럼 기록하고자 한다.

서류 5-1(재고 외 기록 대상)

품명	수량
인건비	100,000

서류 4(집계)의 내용 중 기말에 재화나 권리 등으로 구분할 수 없는 항목이 있을 경우 '재고 외 기록 대상'으로 하기로 한다. 따라서 서류 4의 항목들을 크게 구분하면 두 가지가 있다. 하나는 기말에도 여전히 기업가에게 권리와 의무가 있는 것이 있고, 다른 하나는 인건비처럼 기말에는 기업가에게는 권리와 의무가 없는 항목이 있다. 여기에는 현금으로 지출한 임차료도 포함되는데 이는 이미 지출한 것으로 다시 주거나 받을 수 있는 것이 아니다. 즉, 기말에는 거래가 마무리되어 이 항목에 대하여는 권리 의무가 사라졌기에 기말에 기업가에

게 권리 의무가 있는 재고 현황과는 별도로 구분하여 정리하고자 한다.

2) 서류 1의 내용을 가지고 지금까지 정리하던 방법대로 기록하는데 다만 왼쪽과 오른쪽에 표시하는 수량을 화폐단위로 바꾸어 정리해 보고자 한다.

(서류 1)

- 8월 1일 1세트당 7만 원을 주고 그릇공장에서 10개의 식기세트를 구입해 왔다.
- 8월 15일 1세트를 10만 원에 팔았다.
- 8월 17일 2세트를 20만 원에 팔았다.
- 8월 31일 나머지 7세트를 세트당 9만 원에 팔았다.
- 8월 31일 판매에 수고한 점원에게 10만 원을 지급하였다.

구 분	받은 것(來, take)		준 것(去, give)	
	품명	수량	품명	수량
8/1	식기세트	700,000	현금	700,000
8/15	현금	100,000	식기세트	70,000
8/17	현금	200,000	식기세트	140,000
8/31	현금	630,000	식기세트	490,000
8/31	인건비	100,000	현금	100,000
합계		1,730,000		1,500,000

식기세트 10개를 구입하면서 그에 대한 대가를 현금 700,000원을 지불하였기에 식기세트의 금액을 700,000 원으로 하였다. 한 세트에 70,000원 하는 것을 처분하고 100,000원을 받고, 두 세트를 팔았으니 준 것은 140,000 원이고 현금은 200,000원을 받았다. 1세트에 70,000원 주고 구입한 식기세트 7개를 주었으니 준 것은 490,000 원이고 그에 대한 대가로 현금을 630,000원 받았다.

구 분	받은 것(來, take)		준 것(去, give)	
	품명	수량	품명	수량
8/1			현금	700,000
8/15	현금	100,000		
8/17	현금	200,000		
8/31	현금	630,000		
8/31			현금	100,000
합계		930,000		800,000

　월초에 1,000,000원이 있었고 이후 식기세트 10개를 700,000원에 구입한 후 10세트 모두를 처분하고 930,000원을 받았다. 그리고 인건비를 100,000원 지급하였기에 현금 시재액은 1,130,000원이 된다.

서류 3-2(식기세트)

구 분	받은 것(來, take)		준 것(去, give)	
	품명	수량	품명	수량
8/1	식기세트	700,000		
8/15			식기세트	70,000
8/17			식기세트	140,000
8/31			식기세트	490,000
합계		700,000		700,000

식기세트 10개를 700,000원에 구입하여 기간 내 모두 처분하였다. 기업가의 기준으로는 700,000원어치의 식기세트가 입고되었다가 또 700,000원어치의 식기세트가 출고되었다. 이를 정리한 표가 서류 3-2이다.

서류 3-3(인건비)

구 분	받은 것(來, take)		준 것(去, give)	
	품명	수량	품명	수량
8/31	인건비	100,000		
합계		100,000		

직원의 인건비 명목으로 현금 100,000원을 지급하였다.

서류 4(집계)

받은 것(來, take)		준 것(去, give)	
품명	수량	품명	수량
현금	930,000	현금	800,000
식기세트	700,000	식기세트	700,000
인건비	100,000		
합계	1,730,000	합계	1,500,000

서류 4는 다음을 내용을 알려 준다. 이 기간 동안 현금이 930,000원이 유입되었고 현금의 유출이 800,000원이 있어 순유입액은 130,000원이다. 식기세트는 10세트를 700,000원에 들여와 10세트를 모두 처분하였기에 준 것에는 식기세트 700,000원이었고 기말에는 재고가 없다. 인건비 100,000원은 같은 값어치의 노동력을 제공받았다는 것을 나타낸다.

서류 5(재고 현황)

품명	수량
현금	1,130,000
식기세트	0

거래 시작 시점에 현금 1,000,000원이 있었고 이후 순유입액이 130,000원이기에 기말에는 1,130,000원의 현금이 금고에 있다. 식기세트는 구입한 전량을 모두 처분하였기에 기말에는 재고가 없다.

서류 5-1(재고 외 기록 대상)

품명	수량
인건비	100,000

서류 4(집계)의 내용 중 월말에 재화나 권리 등으로 구분할 수 없는 항목이 있을 경우 '재고 외 기록대상'으로 하기로 한다. 제공받은 노동력을 인건비라는 항목으로 표시하고 이는 재고 외 기록 대상으로 분류하여 기록하였다.

3) 서류 1의 내용을 가지고 지금까지 정리하던 방법대로 기록하는데, 다만 왼쪽과 오른쪽에 표시하는 수량을 화폐 단위로 바꾸어 정리해 보고자 한다. 거래도 기본적으로 수요와 공급의 법칙에 벗어날 수 없으며 가격이란 수요와 공급이 일치하는 점에서 이루어진다는 것을 알 것이다. 이를 거래에 적용해 보면 받는 것과 주는 것의 가치가 일치해야 하는데 (2)에서는 좌우가 일치하지 않는 경우가 있었다. 특히 물건을 파는 경우에 그랬다. 이제 좌우를 일치시키면서 서류들을 다시 정리해 본다.

서류 1

- 8월 1일 1세트당 7만 원을 주고 그릇공장에서 10개의 식기세트를 구입해 왔다.
- 8월 15일 1세트를 10만 원에 팔았다.

- 8월 17일 2세트를 20만 원에 팔았다.

- 8월 31일 나머지 7세트를 세트당 9만 원에 팔았다.

- 8월 31일 판매에 수고한 점원에게 10만 원을 지급하였다.

서류 2(거래 코딩)

구 분	받은 것(來, take)		준 것(去, give)	
	품명	수량	품명	수량
8/1	식기세트	700,000	현금	700,000
8/15	현금	100,000	식기세트	70,000
			거래이익	30,000
8/17	현금	200,000	식기세트	140,000
			거래이익	60,000
8/31	현금	630,000	식기세트	490,000
			거래이익	140,000
8/31	인건비	100,000	현금	100,000
합계		1,730,000		1,730,000

식기세트 10개를 구입하면서 그에 대한 대가를 현금 700,000원으로 지불하였기에 식기세트의 금액을 700,000원으로 하였다. 한 세트에 70,000원하는 것을 처분하고 100,000원을 받았다. 구입할 때 한 세트 가격인 70,000원보다 더 받은 30,000원을 어떻게 표현할까?

판매자 입장에서 마진을 본 것이다. 이를 거래 이익으로 표현했다. 두 세트를 팔았으니 준 것은 140,000원이고 현금은 200,000원을 받았다. 더 받은 60,000원은 마찬가지로 거래 이익이다. 1세트에 7만 원을 주고 구입한 식기세트 7개를 주었으니 준 것은 490,000원이고 그에 대한 대가로 현금을 630,000원을 받았다. 더 받은 140,000원이 거래 이익이고 이렇게 기록하니 좌우의 금액이 일치하고 그 일치는 거래의 내용을 더 구체적으로 설명해 준다.

서류 3-1(현금)

구분	받은 것(來, take)		준 것(去, give)	
	품명	수량	품명	수량
8/1			현금	700,000
8/15	현금	100,000		
8/17	현금	200,000		
8/31	현금	630,000		
8/31			현금	100,000
합계		930,000		800,000

월초에 1,000,000원이 있었고 이후 식기세트 10개를 700,000원에 구입한 후 10세트 모두를 처분하고 930,000원을 받았다. 그리고 인건비를 100,000원 지급

하였기에 현금 시재액은 1,130,000원이 된다.

서류 3-2(식기세트)

구 분	받은 것(來, take)		준 것(去, give)	
	품명	수량	품명	수량
8/1	식기세트	700,000		
8/15			식기세트	70,000
8/17			식기세트	140,000
8/31			식기세트	490,000
합계		700,000		700,000

식기세트 10개를 700,000원에 구입하여 기간 내 모두 처분하였다. 이는 700,000원어치의 식기세트가 입고되었다가 700,000원어치의 식기세트가 출고되었음을 알 수 있다.

서류 3-3(인건비)

구 분	받은 것(來, take)		준 것(去, give)	
	품명	수량	품명	수량
8/31	인건비	100,000		
합계		100,000		

직원의 인건비 명목으로 현금 100,000원 지급하였다.

서류 3-4(거래 이익)

구 분	받은 것(來, take)		준 것(去, give)	
	품명	수량	품명	수량
8/15			거래 이익	30,000
8/17			거래 이익	60,000
8/31			거래 이익	140,000
합계				230,000

서류 4(집계)

받은 것(來, take)		준 것(去, give)	
품명	수량	품명	수량
현금	930,000	현금	800,000
식기세트	700,000	식기세트	700,000
인건비	100,000		
		거래이익	230,000
합계	1,730,000	합계	1,730,000

서류 4는 다음의 거래 사실을 말한다. 이 기간 동안 현금이 930,000원이 유입되었고 현금의 유출이 800,000원이 있어 순유입액은 130,000원이다. 식기세트는 10

세트를 700,000원에 들여와 10세트를 모두 처분하였기에 준 것에는 식기세트 700,000원이었고 월말에는 재고가 없다. 인건비 100,000원은 같은 값어치의 노동력을 제공받았다는 것을 나타낸다. 판매 이익이 발생한 분을 합계해 보니 230,000원이었다.

서류 5(재고 현황)

품명	수량
현금	1,130,000
식기세트	0

거래 시작 시점에 현금 1,000,000원이 있었고 이후 순유입액이 130,000원이기에 월말에는 1,130,000원의 현금이 금고에 있다. 식기세트는 구입한 전량을 모두 처분하였기에 기말에는 재고가 없다.

서류 5-1(재고 외 기록 대상)

품명	수량	품명	수량
인건비	100,000	거래 이익	230,000
합계	100,000	합계	230,000

서류 4(집계)의 내용 중 월말에 재화나 권리 등으로 구분할 수 없는 항목이 있을 경우 '재고 외 기록 대상'으로 하기로 한다. 인건비와 거래 이익은 그 가치를 금액으로 표시한 것에 불과하고 실제 월말에는 재화나 권리 등으로 실체가 없기에 재고 외 기록 대상에 기재하였다. 거래 이익이 230,000원이고 비용 성격의 지출이 100,000원이면 그 기간 동안의 순이익은 130,000원 된다. 또 그 모든 거래가 현금으로 이루어졌다면 아마도 현금은 기초보다 130,000원이 증가하였을 것이다.

제 3 장

차변과 대변

    거래라는 한 사건에는 두 가지의 요소가 있다. 하나는 받는 것이고 하나는 주는 것이다. 두 가지의 요소들을 가공해서 기록하고 정리하는 과정이 회계이다. 회계의 목적지는 경제행위를 하는 주체가 어떤 기간 동안에 얼마의 이익을 보았는지 또 기말에 회사의 순재산은 얼마인지를 파악해서 관계자들과 공유하는 것이다. 자연 상태로 있는 화강암은 그대로는 쓸모가 별로 없지만 돌을 캐서 가공하면 활용도가 무궁무진해진다. 1차 가공자는 어디에 쓰일지를 알면 그에 맞게 가공해 주고 용도에 맞게 가공된 화강암은 이름도 대리석 등으로 바뀌어 건축자재로 사용된다. 이처럼 회계자료도 목적하는 바의 용도로 쓰기 위해서는 1차 가공 과정을 거쳐야 하는데 이를 분개(分介, journalizing)[3]라 한다.

---

[3] 분개: 회계에서, 거래 내용을 차변(借邊)과 대변(貸邊)으로 나누어 적는 일.

1. 분개

사실 이미 앞에서 분개를 많이 해 왔다. 예를 들어, 1 세트당 7만 원을 주고 그릇 공장에서 10개의 식기세트를 구입해 왔다는 거래 사실을 회계의 목적지로 갈 1차 가공을 거쳐야 하는데 이를 이미 주고받기로 아래처럼 정리했었다.

받은 것(來, take)		준 것(去, give)	
품명	수량	품명	수량
식기세트	700,000	현금	700,000

사업주는 700,000원을 주고 식기세트를 받았다. 이 때 식기세트의 교환가치가 700,000원이었기에 위와 같이 기록하였다. 상식을 가진 경제인이라면 주고받는 것의 가치는 보통 일치해야 한다. 따라서 두 요소의 금액은 일치한다. 두 가지 요소의 기록에서 왜 왼쪽과 오른쪽으로 기재했는지 묻는다면 이에 대한 답을 하면 이렇다. 우선 기록 방법은 또 두 가지로 나눌 수 있다. 첫째로 왼쪽과 오른쪽으로, 둘째로 위아래로 기록할 수 있을 것이다. 종이에 글 쓰는 패턴을 보면 위쪽에서 아래로 먼저 쓰고 왼쪽에서 오른쪽으로 쓰지 않고, 왼쪽에서 오

른쪽으로 그리고 위에서 아래로 쓴다. 따라서 회계 자료로써 1차 가공 시에도 이 방식을 따라 좌우로 쓰는 패턴을 사용한다. 한 가지 더 덧붙이면 받는 것을 왼쪽에, 주는 것을 오른쪽에 기록한 것은 기록의 편의성보다는 회사의 입장에서 주는 것과 받는 것의 중요성을 따져 보았을 때 받는 것이 우위에 있어 왼쪽 편에 먼저 기재한 것이 아닌가 짐작한다. 이는 선택의 문제이고 지금까지 탈 없이 잘 사용되고 있다. 1세트당 7만 원을 주고 그릇 공장에서 10개의 식기세트를 구입한 것을 회계의 목적지로 가고자 하는 1차 가공인 분개로 표시하면 다음과 같다.

차 변		대 변	
품명	수량	품명	수량
식기세트	700,000	현금	700,000

지금까지와 달라진 부분을 알 수 있을 것이다. 받는 항목의 명칭을 차변으로, 주는 항목의 명칭을 대변으로 기재하였다. 사실 회계의 핵심은 사건에 대해 차변과 대변을 사용하여 분개를 하는 것이다. 그 다음은 그 분개한 것들을 정리하여 필요한 정보를 가공해 낸다. 회계적 사건에 대한 1차 가공에서 나온 차변(借邊, debit)

과 대변(貸邊, credit)이 생소할 것이다. 이에 대해 알아보고자 한다.

2. 차변과 대변

화폐경제가 자리 잡을 즈음 상업계산의 초기단계 사회에서 주요한 기록 대상은 내가 받을 돈과 줄 돈이 얼마인지였을 것이다. 이 궁금증을 해소하기 위해 경제 단위마다 고안된 장부를 만들고 관리하였다. 그중 새로운 회계 시대를 연 사람이 있었다. 바로 '루카 파치올리(1445~1515)'이다. 루카 파치올리는 이탈리아의 수학자이고 프란치스코회 수사이며 레오나르도 다빈치와 친구였으며 지금 회계라고 알려진 분야의 초창기 공헌자이다. 1494년에 《산술집성(算術集成): Samma de arithmetica, geometria, proporcioni e proporcionalità》을 저술하였다. 이 저서에서 처음으로 복식부기가 기술(記述)되었다.[4]

루카 파치올리는 당시 관행적으로 사용하고 있던 주로 금전 채권 채무를 위주로 하던 장부 작성 방법을 가지고 다른 거래의 기록에 차용하여 목적한 바를 이루었

---

4) 출처: 두산백과.

다고 판단한다. 루카 파치올리의 저서 《산술집성》 안에 '상업적 계산과 기록'을 담고 있고 이것을 오늘날 회계의 원전이라고 말한다. 그중 제1장에서 장부 작성 방법에 대하여 쓰면서 차변과 대변을 다음과 같이 서술한 부분이 있다. 원본은 이탈리아어로 되어 있으나 영역본 (John B. Geijsbeek, 1914)을 옮겨 적는다.

"The third and last thing is to arrange all the transactions in such a systematic way that one may understand each one of them at a glance, I. e., by the debit(debito—owed to) and credit(credito—owed by) method."
"세 번째이자 마지막으로 모든 거래를 누구라도 한눈에 이해할 수 있도록 차변(借邊, debit)과 대변(貸邊, credit)방식을 사용하여 체계적으로 정리하는 것이다."

또한 제11장에서는 '채무자(debtor)를 왼편에 쓰고 채권자(creditor)를 그 오른쪽에 기재한다.'라고 기술하고 있다.

제1장에서 방식(method)이라는 단어를 눈여겨볼 필

요가 있다. 이는 debit과 credit이라는 용어가 왼쪽과 오른쪽 항목의 실질적 내용을 대표하는 것이 아니라 기록의 한 방법으로 왼쪽은 debit 오른쪽은 credit으로 사용한다는 것을 의미한다고 본다.

다음의 베니스상사의 거래로 루카 파치올리의 분개와 저자의 give & take 거래 코딩을 만들어 두 가지를 서로 비교해 보기로 한다.

[베니스상사의 거래 내용]
1. 12월 1일 토티에게 500리라를 빌려주었다.
2. 12월 2일 비아조에게 300리라를 빌려주었다.
3. 12월 2일 인자기에게 500리라를 빌려주었다.
4. 12월 2일 부폰에게서 2000리라를 빌렸다.
5. 12월 31일 인자기에게 500리라를 더 빌려주었다.

루카 파치올리의 분개(分介, journalizing)

구분	나에게 빚진 자(debtor)		내가 빚진 자(creditor)	
	이름	금액	이름	금액
12/1	토티	500	현금	500
12/2	비아조	300	현금	300
12/2	인자기	500	현금	500
12/2	현금	2,000	부폰	2,000
12/31	인자기	500	현금	500
합계		3,800		3,800

give & take 거래 코딩

구분	take		give	
	품명	수량	품명	수량
12/1	채권	500	현금	500
12/2	채권	300	현금	300
12/2	채권	500	현금	500
12/2	현금	2,000	차입금	2,000
12/31	채권	500	현금	500
합계		3,800		3,800

루카 파치올리식의 분개 시 기록의 대상이 사람이면 인명으로 기록하나 저자의 give & take 거래 코딩에는 주고받은 물품이나 권리라는 것만 다르고 그 외는 같음을 알 수 있다. 따라서 두 회계의 본질은 같으나 표현 방

법에서 차이를 보이는 것뿐이다. 즉, 12월 1일의 거래에서 왼쪽에 기록한 토티 500과 채권 500을 비교해 보자.

루카 파치올리 회계의 왼쪽 토티 500은 토티의 입장에서 debtor라 표기하였다. give & take 거래 코딩에서는 회사는 받아야 할 것이기에 왼쪽 take 항목에 표기하였다. 왼쪽 항목의 내용을 보면 받아야 할 것의 또 다른 표현으로, 하나는 debit을 다른 하나는 take를 사용하였다. 회사에 빚진 자(debtor)에 대한 채권과 회사가 빌려줘서 받아야 할 것(take)은 회사의 재산이고 이는 명칭만 다를 뿐 내용은 같은 것이다. 그래서 같은 왼쪽에 기록한다.

회계가 목적하는 바대로 가기 위한 첫 가공인 분류를 함에 있어 왼쪽을 debit으로 오른쪽을 credit이라는 명칭을 사용한 지가 500년도 넘었다. 저자가 왼쪽을 take로 오른쪽을 give로 전개해서 별 무리가 없지만 회계의 관습(慣習)과 전통(傳統)으로 굳어진 debit과 credit을 대체하기는 불가능하다. 왼쪽을 take로 오른쪽을 give로 접근하여 회계에 징검다리 역할을 충분히 할 수 있음을 확인했다.

위의 내용들로 이해하기 어렵다면 다음처럼이라도 회계를 공부하는 사람을 설득하고 싶다. 장부 작성 시 왼쪽 항목을 debit이라 하고 오른쪽을 credit이라고 하는데 이는 골프에서 기준타수보다 1타수 적게 칠 경우 버디(birdie, 작은 새)라고 하는 것과 같은 이치다. 누군가가 "기준타수보다 1타수 적게 홀에 공을 넣었어."라는 얘기와 "버디했어."라는 얘기는 같은 소리고, 버디라는 한마디로 상황 설명을 확실하게 끝내 버린다. 버디가 왜 버디인지 이유는 있겠지만 그 이유를 제대로 모른다고 골프를 못하는 건 아니지 않을까? 마찬가지로 회계의 기록에서 왼쪽을 debit이라고 하고 오른쪽을 credit이라 하는 데 이유는 있겠지만 이를 제대로 아는 것이 회계의 출발점일까? 혹시 누군가가 작은 부분의 의미로 사용하였는데 전체를 포용할 용어를 찾지 못해 그것이 정착된 것이라면 굳이 의미를 찾는 여정은 오히려 독이 되지 않을까? 글자에 매몰되어 진작 가야 할 길을 가지 못하는 실수를 범하지는 않을까? 골프에 있어 기준타수보타 1타수 적게 친 것을 버디라고 하는 것처럼 회계에 있어서는 왼쪽을 debit, 오른쪽을 credit이라 한다.

take 나에게 빚진 자(debtor) debit(차변)	give 내가 빚진 자(creditor) credit(대변)
- take는 거래에서 상대방으로부터 받은 것, 미래에 받을 것 또는 받지 못한 것을 말한다. - debtor는 나에게 금전을 빌려 간 사람이고, 빌려 간 금액과 인명으로 병기한다. - take는 받을 주체가 장부 작성자이다. - debtor에서 받을 주체는 장부 작성자이다. 다만 채무자의 입장에서 debtor라는 명칭을 사용한 것이다. - 따라서 장부의 왼쪽 항목은 장부 작성자 입장에서는 채권 성격들의 집합이고 작성자는 take로, 나에게 빚진 자 입장에서는 debit(채무)이다. - take와 debit은 입장 차는 있지만 같은 얘기이고 오래전부터 debit을 썼고 그것이 관행이 되어 이제 회계에서 debit이 take를 대신해 왔다.	- give는 거래에서 상대방에게 준 것, 미래에 줄 것 또는 주지 않은 것을 말한다. - creditor는 나에게 금전을 빌려 준 사람이고, 빌려준 금액과 인명으로 병기한다. - give는 주어야 할 주체가 장부 작성자이다. - creditor에서 주어야 할 주체는 장부 작성자이다. 다만 채권자의 입장에서 명칭 creditor라는 명칭을 사용한 것이다. - 따라서 장부의 오른쪽 항목은 장부 작성자 입장에서는 채무 성격들의 집합이고 작성자는 give로, 나에게 빌려준 자 입장에서는 credit(채권)이다. - give와 credit은 입장 차는 있지만 같은 얘기이고 오래전부터 credit을 썼고 그것이 관행이 되어 이제 회계에서 credit이 give를 대신해 왔다.

다시 예를 들어 설명해 본다. 월드컵상사가 1,000,000

달러를 토마스에게서 빌려 오고 이 중 500,000달러를 맥길로이에게 빌려준 후의 집계표를 보면 다음과 같다.

루카 파치올리 기록

debtor(차 변)		creditor(대 변)	
적요	금액	적요	금액
현금 맥길로이	500,000 500,000	토마스	1,000,000

GIVE and TAKE 기록

take		give	
적요	금액	적요	금액
현금 대여금 (나중에 받을 것)	500,000 500,000	차입금 (나중에 줄 것)	1,000,000

　루카 파치올리의 기록 방법에 따르면 빌려 간 맥길로이가 차변에 오는데 맥길로이 입장에서는 월드컵상사에서 빌린 사람이기에 debtor로 표시하였다. 오른쪽을 보면 월드컵상사에 돈을 빌려준 토마스를 기재하였다. 토마스는 월드컵상사에 빌려주었기에 오른쪽 편에 creditor로 표시하였다.

그런데 give & take로 한 거래 기록을 보면 맥길로이에게 월드컵상사가 빌려준 것을 대여금이라는 이름으로 take 항목인 왼쪽에 기록하였다. 토마스에게는 빌려와서 나중에 주어야 할 것이기에 주는 give 항목인 오른편에 기재하였다.

따라서 왼편에 기록하는 명칭을 하나는 debtor(debit)로 다른 하나는 take로 하였다. 그 내용을 보면 debit은 빌려 간 사람에 기록의 무게를 두고 있다면 take는 받을 권리가 있는 월드컵상사가 기록의 주인이다. 따라서 이는 명칭에 차이가 있을 뿐이지 내용은 같다는 것을 확인할 수 있다.

지금까지 장부 작성을 하면서 왼쪽에는 take를 오른쪽에는 give를 사용했으나 오랜 관행으로 회계학계에서 굳어져 사용되어 오는 debit과 credit을 사용하고자 한다. 이제 위의 표에서 설명한 것처럼 take를 대신하여 debit을 give를 대신하여 credit을 사용하기로 한다.

차변(debit)과 대변(credit)의 사전적 의미

차변(借邊, debit)	대변(貸邊, credit)
복식부기에서 자산의 증가, 부채와 자본의 감소 따위를 기록하는 장부의 계정계좌의 왼쪽 부분	복식부기에서 자산의 감소, 부채와 자본의 증가를 기록하는 장부의 계정계좌의 오른쪽 부분

제 4 장

사례로 본 회계

(주)한국상사(철강도매업)의 거래 내용은 다음과 같다.

서류 1

1/1) 주주 A가 설립자본금 100,000,000원을 현금으로
납입하였다.

1/1) 사업장 토지를 현금 50,000,000원에 구입하였
다.

12/2) 구매자금 200,000,000원을 기업은행으로부터
대출받아 금고에 보관하였다

12/2) 포스코로부터 상품 100,000,000원을 구매하고
현금으로 대금 지급하였다.

12/10) 사업장의 건물 신축하고 대한건설(주)에 대금
48,000,000원은 미지급하였다.

12/15) 고려건설에 12월 2일 구입물품 전부를
130,000,000원에 판매하고 대금은 전액 현금

으로 받았다.

12/31) 직원급여 6,000,000원을 현금 지급하였다.

12/31) 기업은행에 이자 500,000원을 현금 지급하였다.

이를 바탕으로 지금까지의 기록 방법에 따라 장부를 만들어 보고자 한다.

① 주주 A가 설립자본금 100,000,000원을 현금으로 납입하였다.

회사로 100,000,000원이 들어왔으니 이는 차변에 기재한다. 그렇다면 상대 계정 명칭(금액을 가장 잘 표현한 말)을 뭐라고 할까? 이를 자본금으로 하기로 한다. 자본금은 주주가 납부한 회사의 종잣돈이다. 이 돈은 회사가 아무 때나 돌려주는 보통의 채무가 아니고 회사가 정리될 때까지 보유하는 게 보편적이다. 채권자는 주주이다. 자본금은 대변에 기재하는데 이는 주주에게 돌려줄 회사의 채무(나중에 주기로 한 것이기에 give류에 속하고 이는 오른쪽인 대변에 기재함)다.

서류 2(분개)

구분	차 변		대 변	
	적요	금액	적요	금액
1/1	현금	100,000,000	자본금	100,000,000

서류 3-1(현금)

구분	차 변		대 변	
	적요	금액	적요	금액
1/1	자본금	100,000,000		
합계		100,000,000		

적요에는 상대 계정 명칭을 기재한다. 그래야 상대를 알기 쉽다.

서류 3-2(자본금)

구분	차 변		대 변	
	적요	금액	적요	금액
1/1			현금	100,000,000
합계				100,000,000

차 변		대 변	
적요	금액	적요	금액
현금	100,000,000	자본금	100,000,000
합계	100,000,000	합계	100,000,000

　지금까지의 회사는 자본금 명목으로 들어온 돈 100,000,000원이 전부다.

　② 사업장 토지를 현금 50,000,000원에 구입하였다.

　이 거래로 회사가 take한 것은 토지이다. 그리고 give 한 것은 현금이다. 이를 기록으로 표현하면 다음과 같다.

서류 2(분개)

구분	차 변		대 변	
	적요	금액	적요	금액
1/1	토지	50,000,000	현금	50,000,000

서류 3-1(현금)

구분	차 변		대 변	
	적요	금액	적요	금액
1/1	자본금	100,000,000		
1/1			토지	50,000,000
		100,000,000		50,000,000

현금 100,000,000원을 보유하다가 토지를 취득하기
위해 50,000,000원을 지출하였다.

서류 3-2(자본금)

구분	차 변		대 변	
	적요	금액	적요	금액
1/1			현금	100,000,000
합계				100,000,000

서류 3-3(토지)

구분	차 변		대 변	
	적요	금액	적요	금액
1/1	현금	50,000,000		
합계		50,000,000		

현금 50,000,000원으로 토지를 취득하였다.

서류 4(집계표)

차 변		대 변	
적요	금액	적요	금액
현금	50,000,000	자본금	100,000,000
토지	50,000,000		
합계	100,000,000	합계	100,000,000

서류 3-1에서 현금 100,000,000원이 있었는데 50,000,000원을 지불하고 토지를 구입하였기에 현금은 이제 이 거래 후에 50,000,000원이 있다. 집계표에는 계정의 잔액을 기재한다. 그래서 집계표는 그때까지의 장부 상황을 한눈에 볼 수 있다.

③ 구매 자금 200,000,000원을 기업은행으로부터 대
출받아 금고에 보관하였다.

서류 2(분개)

구분	차 변		대 변	
	적요	금액	적요	금액
1/1	현금	200,000,000	차입금	200,000,000

현금 200,000,000원이 회사로 take 되었기에 차변에
기록하고 상대 계정은 차입금 200,000,000원으로 기재
한다. 차입금 200,000,000원은 나중에 give하기로 한 것
으로 이는 대변에 기재된다.

서류 3-1(현금)

구분	차 변		대 변	
	적요	금액	적요	금액
1/1	자본금	100,000,000		
1/1			토지	50,000,000
12/2	차입금	200,000,000		
	합계	300,000,000	합계	50,000,000

현금이 50,000,000원 있는 상태에서 현금 200,000,000원을 빌려왔다. 따라서 현금 잔액은 250,000,000원이 되었다.

서류 3-2(자본금)

구분	차 변		대 변	
	적요	금액	적요	금액
1/1			현금	100,000,000
			합계	100,000,000

서류 3-3(토지)

구분	차 변		대 변	
	적요	금액	적요	금액
1/1	현금	50,000,000		
	합계	50,000,000		

서류 3-4(차입금)

구분	차 변		대 변	
	적요	금액	적요	금액
12/2			현금	200,000,000
			합계	200,000,000

은행으로부터 빌려 온 200,000,000원은 나중에 주기로 한 것이니 대변에 기록되었고 그 계정과목은 차입금이라 했다.

서류 4(집계표)

차 변		대 변	
적요	금액	적요	금액
현금	250,000,000	자본금	100,000,000
토지	50,000,000	차입금	200,000,000
합계	300,000,000	합계	300,000,000

현금은 주주로부터 100,000,000원을 받았고 토지를 구입하면서 50,000,000원을 지출하고 은행으로부터 200,000,000원을 차입하였기에 이날 현재 현금의 잔액은 250,000,000원이 된다.

④ 포스코로부터 상품 100,000,000원을 구매하고 현금으로 대금을 지급하였다.

서류 2(분개)

구분	차 변		대 변	
	적요	금액	적요	금액
12/2	상품	100,000,000	현금	100,000,000

상품 100,000,000원어치를 take하여 왼쪽 차변에 기재하였고 현금 100,000,000원을 지불하였기에 give 항목으로 오른쪽 대변에 기재했다.

서류 3-1(현금)

구분	차 변		대 변	
	적요	금액	적요	금액
1/1	자본금	100,000,000		
1/1			토지	50,000,000
12/2	차입금	200,000,000		
12/2			상품	100,000,000
	합계	300,000,000	합계	150,000,000

상품 구입 대금으로 현금 100,000,000원을 지출하였기에 give 항목인 오른쪽 즉 대변에 기록하였다. 그 결

과 현금 잔액은 150,000,000원이 되었다.

서류 3-2(자본금)

구분	차 변		대 변	
	적요	금액	적요	금액
1/1			현금	100,000,000
			합계	100,000,000

서류 3-3(토지)

구분	차 변		대 변	
	적요	금액	적요	금액
1/1	현금	50,000,000		
	합계	50,000,000		

서류 3-4(차입금)

구분	차 변		대 변	
	적요	금액	적요	금액
12/2			현금	200,000,000
			합계	200,000,000

구분	차 변		대 변	
	적요	금액	적요	금액
12/2	현금	100,000,000		
	합계	100,000,000	합계	

회사로 take된 것은 상품이고 그 가격은 100,000,000 원이기에 왼쪽 차변으로 기재하였다.

서류 4(집계표)

차 변		대 변	
적요	금액	적요	금액
현금	150,000,000	자본금	100,000,000
토지	50,000,000	차입금	200,000,000
상품	100,000,000		
합계	300,000,000	합계	300,000,000

이 거래 전에 현금이 250,000,000원 있었는데 상품 구매를 위해 100,000,000원을 지출하였기에 현재는 150,000,000원이 있다.

⑤ 사업장의 건물 신축하고 대한건설(주)에 대금
48,000,000원은 미지급하였다.

서류 2(분개)

구분	차 변		대 변	
	적요	금액	적요	금액
12/10	건물	48,000,000	미지급금	48,000,000

이 거래로 회사는 건물을 take 하였고 공사 대금
48,000,000원은 아직 지급하지 않았기에 give 항목에
기재함.

서류 3-1(현금)

구분	차 변		대 변	
	적요	금액	적요	금액
1/1	자본금	100,000,000		
1/1			토지	50,000,000
12/2	차입금	200,000,000		
12/2			상품	100,000,000
	합계	300,000,000	합계	150,000,000

서류 3-2(자본금)

구분	차 변		대 변	
	적요	금액	적요	금액
1/1			현금	100,000,000
			합계	100,000,000

서류 3-3(토지)

구분	차 변		대 변	
	적요	금액	적요	금액
1/1	현금	50,000,000		
	합계	50,000,000		

서류 3-4(차입금)

구분	차 변		대 변	
	적요	금액	적요	금액
12/2			현금	200,000,000
			합계	200,000,000

서류 3-5(상품)

구분	차 변		대 변	
	적요	금액	적요	금액
12/2	현금	100,000,000		
	합계	100,000,000	합계	

서류 3-6(건물)

구분	차 변		대 변	
	적요	금액	적요	금액
12/10	미지급금	48,000,000		
	합계	48,000,000	합계	

건물을 회사 소유로 take하였기에 왼쪽 차변에 기재하였다.

서류 3-7(미지급금)

구분	차 변		대 변	
	적요	금액	적요	금액
12/10			건물	48,000,000
	합계		합계	48,000,000

건물을 취득하면서 즉시 대가를 지불하지 않은 금액 48,000,000원은 나중에 주기로 한 것에 해당하기에 오른쪽 대변에 기입하였고 계정과목은 미지급금으로 하였다.

서류 4(집계표)

차 변		대 변	
적요	금액	적요	금액
현금	150,000,000	자본금	100,000,000
토지	50,000,000	차입금	200,000,000
상품	100,000,000	미지급금	48,000,000
건물	48,000,000		
합계	348,000,000	합계	348,000,000

분개의 차변과 대변의 금액이 일치하면 그 결과물인 집계표의 차변의 합과 대변의 합도 일치한다. 만약 그 합계가 다르다면 과정에 오류가 생긴 것이다.

⑥ 고려건설에 12월 2일 구입물품 전부를 130,000,000원에 판매하고 대금은 전액 현금으로 받았다.

구분	차 변		대 변	
	적요	금액	적요	금액
12/15	현금	130,000,000	상품 거래 이익	100,000,000 30,000,000

이 거래로 회사는 현금 130,000,000원을 take하였고 보관 중이던 상품 100,000,000원을 give하였다. 이상적인 거래라면 같은 값어치를 주고받아야 하나 상대가 더 지불할 경우도 생긴다. 이 경우 장부 작성회사의 입장에서는 그만큼 덜 주고 거래한 것이고 이는 거래 이익으로 표현된다.

서류 3-1(현금)

구분	차 변		대 변	
	적요	금액	적요	금액
1/1	자본금	100,000,000		
1/1			토지	50,000,000
12/2	차입금	200,000,000		
12/2			상품	100,000,000
12/15	상품등	130,000,000		
	합계	430,000,000	합계	150,000,000

상품을 팔고 그에 대한 대가로 현금을 받았기에 이는 take 항목인 왼쪽 차변에 기입하였고 이제 현금 잔액은 280,000,000원이 되었다.

서류 3-2(자본금)

구분	차 변		대 변	
	적요	금액	적요	금액
1/1			현금	100,000,000
			합계	100,000,000

서류 3-3(토지)

구분	차 변		대 변	
	적요	금액	적요	금액
1/1	현금	50,000,000		
	합계	50,000,000		

서류 3-4(차입금)

구분	차 변		대 변	
	적요	금액	적요	금액
12/2			현금	200,000,000
			합계	200,000,000

서류 3-5(상품)

구분	차 변		대 변	
	적요	금액	적요	금액
12/2	현금	100,000,000		
12/15			현금	100,000,000
	합계	100,000,000	합계	100,000,000

　　회사에서 보유하던 상품 100,000,000원을 주고 그에 대한 대가를 받았기에 상품은 이제 give 항목 대변에 기재하였다.

서류 3-6(건물)

구분	차 변		대 변	
	적요	금액	적요	금액
12/10	미지급금	48,000,000		
	합계	48,000,000	합계	

서류 3-7(미지급금)

구분	차 변		대 변	
	적요	금액	적요	금액
12/10			건물	48,000,000
	합계		합계	48,000,000

구분	차 변		대 변	
	적요	금액	적요	금액
12/15			현금	30,000,000
	합계		합계	30,000,000

상품 거래에서 받은 것은 현금 130,000,000원이고 준
것은 상품 100,000,000원으로 덜 준 것 30,000,000원이
있고 이는 회사 입장에서는 거래 이익이다.

서류 4(집계표)

차 변		대 변	
적요	금액	적요	금액
현금	280,000,000	자본금	100,000,000
토지	50,000,000	차입금	200,000,000
상품	0	미지급금	48,000,000
건물	48,000,000	거래이익	30,000,000
합계	378,000,000	합계	378,000,000

이번 거래로 상품이 모두 팔려 나갔기에 상품은 0이

된다. 또 이 거래도 현금이 130,000,000원 더 들어와 280,000,000원이 된다.

⑦ 직원급여 6,000,000원을 현금 지급하였다.

서류 2(분개)

구분	차 변		대 변	
	적요	금액	적요	금액
12/31	급여	6,000,000	현금	6,000,000

이 거래로 회사는 현금 6,000,000원을 지급하였기에 대변에 기재하였다. 그리고 회사는 직원으로부터 노동력을 제공받았다. 이에 받은 것은 노동력이고 이를 장부에 기록할 때 차변에 급여라 표시하고 금액은 노동력의 대가로 받은 금액으로 기재한다.

구분	차 변		대 변	
	적요	금액	적요	금액
1/1	자본금	100,000,000		
1/1			토지	50,000,000
12/2	차입금	200,000,000		
12/2			상품	100,000,000
12/15	상품 등	130,000,000		
12/31			급여	6,000,000
	합계	430,000,000	합계	156,000,000

12월 31일에 현금 6,000,000원을 지급하였기에 give 항인 오른편, 즉 대변에 기록하였다.

서류 3-2(자본금)

구분	차 변		대 변	
	적요	금액	적요	금액
1/1			현금	100,000,000
			합계	100,000,000

서류 3-3(토지)

구분	차 변		대 변	
	적요	금액	적요	금액
1/1	현금	50,000,000		
	합계	50,000,000		

서류 3-4(차입금)

구분	차 변		대 변	
	적요	금액	적요	금액
12/2			현금	200,000,000
			합계	200,000,000

서류 3-5(상품)

구분	차 변		대 변	
	적요	금액	적요	금액
12/2	현금	100,000,000		
12/15			현금	100,000,000
	합계	100,000,000	합계	100,000,000

서류 3-6(건물)

구분	차 변		대 변	
	적요	금액	적요	금액
12/10	미지급금	48,000,000		
	합계	48,000,000	합계	

서류 3-7(미지급금)

구분	차 변		대 변	
	적요	금액	적요	금액
12/10			건물	48,000,000
	합계		합계	48,000,000

서류 3-8(거래 이익)

구분	차 변		대 변	
	적요	금액	적요	금액
12/15			현금	30,000,000
	합계		합계	30,000,000

구분	차 변		대 변	
	적요	금액	적요	금액
12/31	현금	6,000,000		
	합계		합계	

　　노동력을 제공받은 대가가 6,000,000원으로 측정되어
지고 이는 회사 입장에서 노동력을 take한 것이기에 왼
쪽 즉 차변에 기입하였다.

서류 4(집계표)

차 변		대 변	
적요	금액	적요	금액
현금	274,000,000	자본금	100,000,000
토지	50,000,000	차입금	200,000,000
상품	0	미지급금	48,000,000
건물	48,000,000	거래 이익	30,000,000
급여	6,000,000		
합계	378,000,000	합계	378,000,000

　　이번 거래로는 현금이 6,000,000원 줄어든 만큼 급여

가 6,000,000원이 새로 발생하여 전체 합계는 앞의 ⑥항과 같다.

⑧ 기업은행에 이자 500,000원을 현금 지급하였다.

서류 2(분개)

구분	차 변		대 변	
	적요	금액	적요	금액
12/31	이자 비용	500,000	현금	500,000

이 거래로 회사는 현금 500,000원을 지급하였기에 대변에 기재하였다. 상기의 분개를 다음처럼 간략히 나타내기도 하니 참고 바란다.

(12/31) 이자 비용 500,000 / 현금 500,000

현금을 주는 경우의 수를 보면 다음과 같다.

첫째: 물건을 구입하면서 현금을 주는 경우이다.
예로 현금 1,000,000원을 주고 사무실 비품을 구입하였다.
비품 1,000,000 / 현금 1,000,000

둘째: 권리를 취득하면서 현금을 주는 경우이다.

예로 1,000,000원을 주고 골프회원권을 취득하였다.

회원권 1,000,000 / 현금 1,000,000

셋째: 현금으로 주어야 할 채무를 변제할 경우이다.

예로 홍길동에게 빌린 돈 1,000,000원을 갚았다.

차입금 1,000,000 / 현금 1,000,000

넷째: 제공받은 서비스에 대한 대가를 지불하는 경우이다.

예로 출장 중 호텔숙박비로 1,000,000원을 주었다.

숙박비 1,000,000 / 현금 1,000,000

이 네 가지를 정리하면 다음과 같다.

구분	차 변		대 변	
	적요	금액	적요	금액
첫째	비품	1,000,000	현금	1,000,000
둘째	회원권	1,000,000	현금	1,000,000
셋째	차입금	1,000,000	현금	1,000,000
넷째	숙박비	1,000,000	현금	1,000,000

현금 1,000,000원을 준 경우의 수 중에 셋째의 차입금은 빚을 갚은 것이다. 비품과 회원권은 회사의 필요에 따라 현금 재산을 주고 다른 형태의 재산을 취득한 것이다. 숙박비로 지출한 1,000,000원은 비품과 회원권처럼 회사재산이 아니다. 또한 채무를 변제한 것도 아니다. 이 현금의 지출은 서비스에 대한 대가였고 회사 입장에서는 손실이다. 이런 손실들이 있음에도 경제활동을 계속하는 것은 손실보다 더 큰 이익을 예상하기 때문이다. 이렇게 서비스에 대한 지출, 즉 손실을 비용이라 한다. 현금 지출의 결과로 비품과 회원권을 취득한 경우와 숙박비를 지출한 경우를 보면 비품과 회원권의 권리(권리가 있다는 것은 사용할 수 있거나 처분할 때 금전의 유입이 예상되는 경우를 말한다.)는 회사에 있으나 숙박비의 경우는 권리가 회사에 없다. 현금의 지출로 받은 것 중 회사에 권리가 있는 것(비품, 회원권)이 있고, 권리가 없는 것(숙박비)이 있다. 이렇게 회사에 권리가 없는 서비스에 대가 등을 비용이라 하고 이자로 지급된 금액도 여기에 포함된다. 비용의 예로는 인건비, 임차료, 세금과 공과금, 광고비, 이자 비용 등이 있다.

한편, 기업은행은 2억 원의 금전을 사용할 권리를 (주)한국상사에 이전하였고 그에 따른 약정이자 500,000

원 받을 권리가 생겼다. 이때 이자 500,000원은 원금 200,000,000원에 대한 기업은행의 수익이다.

[기업은행은 2억 원의 대출금과 관련하여 이자 500,000 원을 (주)한국상사로부터 현금으로 받다.]를 분개하면 이 렇다.

차 변		대 변	
적요	금액	적요	금액
현금	500,000	이자 수익	500,000

기업은행의 입장에서 현금 500,000원을 받으면서 준 것은 (주)한국상사에 2억 원의 자금 사용 권리를 이전해 준 것이고 그의 가치가 500,000원이고 항목은 이자 수 익이다.

구분	차 변		대 변	
	적요	금액	적요	금액
1/1	자본금	100,000,000		
1/1			토지	50,000,000
12/2	차입금	200,000,000		
12/2			상품	100,000,000
12/15	상품 등	130,000,000		
12/31			급여	6,000,000
12/31			이자 비용	500,000
	합계	430,000,000	합계	156,500,000

12월 31일에 현금 500,000원을 지급하였기에 give항 인 오른편 대변에 기록하였다.

서류 3-2(자본금)

구분	차 변		대 변	
	적요	금액	적요	금액
1/1			현금	100,000,000
			합계	100,000,000

서류 3-3(토지)

구분	차 변		대 변	
	적요	금액	적요	금액
1/1	현금	50,000,000		
	합계	50,000,000		

서류 3-4(차입금)

구분	차 변		대 변	
	적요	금액	적요	금액
12/2			현금	200,000,000
			합계	200,000,000

서류 3-5(상품)

구분	차 변		대 변	
	적요	금액	적요	금액
12/2	현금	100,000,000		
12/15			현금	100,000,000
	합계	100,000,000	합계	100,000,000

서류 3-6(건물)

구분	차 변		대 변	
	적요	금액	적요	금액
12/10	미지급금	48,000,000		
	합계	48,000,000	합계	

서류 3-7(미지급금)

구분	차 변		대 변	
	적요	금액	적요	금액
12/10			건물	48,000,000
	합계		합계	48,000,000

서류 3-8(거래 이익)

구분	차 변		대 변	
	적요	금액	적요	금액
12/15			현금	30,000,000
	합계		합계	30,000,000

구분	차 변		대 변	
	적요	금액	적요	금액
12/31	현금	6,000,000		
	합계		합계	

서류 3-10(이자 비용)

구분	차 변		대 변	
	적요	금액	적요	금액
12/31	현금	500,000		
	합계		합계	

회사는 기업은행으로부터 2억 원을 사용할 권리를 take한 것이기에 왼쪽, 즉 차변에 기입하였다. 그 금액은 지급한 이자액이다.

차 변		대 변	
적요	금액	적요	금액
현금	273,500,000	자본금	100,000,000
토지	50,000,000	차입금	200,000,000
상품	0	미지급금	48,000,000
건물	48,000,000	거래 이익	30,000,000
급여	6,000,000		
이자 비용	500,000		
합계	378,000,000	합계	378,000,000

이번 거래로는 현금이 500,000원 줄어든 만큼 이자 비용이 500,000원이 새로 발생하여 전체 합계는 앞의 ⑦항과 같다.

위 사례에서 거래와 관련한 요소들이 10개가 있음을 알았다. 그것은 현금, 자본금, 토지, 차입금, 상품, 건물, 미지급금, 거래 이익, 급여, 이자비용이다. 이들을 '계정 과목(計定科目, Account Code)'이라고 한다. 계정과목은 그와 연관된 금액을 회계적으로 가장 적절히 표현한 명칭이다. 50개 내외의 계정과목으로 충분히 분개를 할 수 있으니 두려워 말기 바란다.

회계적 사건에 대해 그 내용을 파악하고 이를 회계의 목적하는 바에 따라 1차 가공을 해야 한다. 이를 분개라 한다. 이 분개가 회계의 핵심이다. 분개만 제대로 된다면 이후의 서류 작성은 시스템에서 자동으로 반영되기 때문이다. 회계의 시스템을 보니 분개가 있고 이어서 서류 3의 작업이 진행되었다. 서류 3을 회계에서는 '계정원장(計定元帳, General ledger account)'이라 한다. 원장이 기록되면 서류 4를 만드는데 이는 서류 3의 계정원장별 잔액의 집합체이다. 사실 컴퓨터 프로그램을 이용한 회계처리의 경우에는 분개장에 입력과 동시에 계정원장과 서류4가 만들어진다. 서류 4를 회계에서는 '시산표(試算表, Trial balance)'[5]라고 부른다. 시산표에서는 모든 계정원장의 잔액을 기록하고 이 기록을 기초로 회계의 최종목적지인 '재무상태표(財務狀態表, Statement of Financial Position)'와 '손익계산서(損益計算書, Income Statement)'를 분류해 낸다.

[장부 작성 순서]

분개 → 계정원장 → 시산표 → 재무상태표와 손익계산서

---

5) 시산표: 복식 부기에서 분개장의 기록 및 원장에로의 전기에 잘못이 없는지 검증하는 표.

◆ 채권, 채무 변동의 분개

1) 채권 변동의 분개

회사는 자금이 필요한 직원에게 1억 원을 빌려주었다.

이를 분개하면 다음과 같다.

차 변		대 변	
계정과목	금액	계정과목	금액
대여금	100,000,000	현금	100,000,000

현금 1억 원을 주었고 받은 것은 직원으로부터 1억 원
을 받을 채권이다. 즉, 현금을 주고 권리를 받았다는 것
이다.

이중 30,000,000원을 직원이 회사에 갚았다.

이를 분개하면 다음과 같다.

차 변		대 변	
계정과목	금액	계정과목	금액
현금	30,000,000	대여금	30,000,000

현금 30,000,000원을 받았으니 차변에 기록하고 준
것은 가지고 있던 권리를 넘겨준 것과 같은 효과의 거래

를 하였기에 대변에 대여금 30,000,000원을 기록한다.

상기 거래와 관련하여 대여금의 계정원장을 만들면 다음과 같고 직원의 변제 후 대여금 잔액은 70,000,000 원이 된다.

서류 3(대여금)

구분	차변		대변	
	적요	금액	적요	금액
12/1	현금	100,000,000		
12/31			현금	30,000,000
	합계	100,000,000	합계	30,000,000

2) 채무 변동의 분개

회사는 자금이 필요하여 금융기관으로부터 1억 원을 빌렸다.

이를 분개하면 다음과 같다.

차변		대변	
계정과목	금액	계정과목	금액
현금	100,000,000	차입금	100,000,000

받은 현금 1억 원은 차변에, 나중에 주어야 할 것인 차입금 1억 원은 대변에 기록한다. 즉, 현금을 받고 주어야 할 의무가 생겼다는 것이다.

상기 차입금 중 30,000,000원을 현금으로 갚았다. 이를 분개하면 다음과 같다.

차 변		대 변	
계정과목	금액	계정과목	금액
차입금	30,000,000	현금	30,000,000

현금 30,000,000원을 주었으니 대변에 기록하고, 주어야 할 의무가 줄어드는 것과 같은 효과의 거래를 하였다. 준 항목에 있는 차입금 중 일부를 받은 항목으로 하여 차변에 차입금 30,000,000원을 기록한다. 채무를 회사가 가졌다(take)는 것은 회사의 채무가 그만큼 줄어든 것이다.

상기 거래와 관련하여 차입금의 계정원장을 만들면 다음과 같고 회사가 변제한 후 차입금 잔액은 70,000,000원이 된다.

서류 3(차입금)

구분	차 변		대 변	
	적요	금액	적요	금액
12/1			현금	100,000,000
12/31	현금	30,000,000		
	합계	30,000,000	합계	100,000,000

제 5 장
재무상태표와 손익계산서

1. 시산표에서 분류해 냄

회계의 목적은 회사가 결산일에 총재산과 총부채가 얼마인지와 회계 기간 동안 얼마의 손익이 있었는지를 아는 것이다. 이러한 목적을 표현한 서류가 재무상태표(財務狀態表, Statement of Financial Position)[6]와 손익계산서(損益計算書, Income Statement)[7]이다. 거래 내용을 회계가 이루고자 하는 목적에 맞게 1차 가공인 분개를 하고 이로부터 계정원장과 시산표를 만들어 내는 과정을 이미 확인하였다. 시산표는 회계 기간 동안 거래 후 잔액이 있는 모든 계정과목들을 모아 놓은 집계표이다. 시산표는 회사의 재산과 부채, 손익이 섞여 있어 추가적인 분류작업을 하여야 얼마의 손익이 발생했는지 순재산(총재산-총부채)이 얼마인지를 알 수 있다.

---

6) 재무상태표: 기업이 결산 때에 재정 상태를 한눈에 볼 수 있게 도식화한 표. 기업의 자산을 부채와 자본으로 비교할 수 있도록 양쪽으로 나뉘어 있다.
7) 손익계산서: 한 회계 기간에 기업의 모든 비용과 수익을 비교하여서 손익의 정도를 밝히는 계산서.

이 시산표에서 계정과목 중 경제주체의 권리의무가 결산일에도 있는 것은 재무상태표로 분류해 낸다. 따라서 재무상태표는 총재산과 총부채, 그리고 순재산이 표시된다. 시산표의 계정과목 중 연도말에 회사의 권리의무가 더 이상 없는 항목들을 모은 것이 손익계산서이다. 결론적으로 말하면 시산표는 회계의 목적지인 재무상태표와 손익계산서의 합이다.

제4장의 집계표를 가지고 마지막 여정을 할까 한다. 집계표를 보면 다음과 같다. 이것의 명칭을 시산표라 한다.

시산표

차 변		대 변	
계정과목	금액	계정과목	금액
현금	273,500,000	자본금	100,000,000
토지	50,000,000	차입금	200,000,000
상품	0	미지급금	48,000,000
건물	48,000,000	거래 이익	30,000,000
급여	6,000,000		
이자 비용	500,000		
합계	378,000,000	합계	378,000,000

이 시산표는 정해진 기간 동안의 발생한 거래를 분개하고 계정원장으로 옮겨 기록한 후 계정원장의 잔액들을 모은 것이다. 시산표를 만든다는 건 이제 재무상태표와 손익계산서를 만들기 위한 준비가 마무리되었다는 것이다. 즉, 장부를 마감한다는 것과 같은 말이다. 장부는 통상 1년마다 마감하여 성과를 판단하는 자료로 사용한다. 연도말에 시산표를 작성하고 재무상태표와 손익계산서를 마무리한다. 다음 해 1월 1일에는 회사에 무엇이 남아 있을까를 고려해 보면 재무상태표와 손익계산서를 분류해 내는 데 많은 도움이 된다.

먼저 시산표의 계정과목들 중에서 다음 해 1월 1일에도 회사의 권리와 의무로 여전히 남아 있는 항목들은 푸른색으로 표시하였다.

시산표에서 푸른색으로 표시한 항목들을 보면 장부 마감일 다음 날인 다음 해 1월 1일에도 회사가 보유하거나 권리 또는 의무가 있는 항목들이다. 이렇듯 장부 마감일 다음에도 회사의 권리, 의무가 미치는 항목들을 모아 정리한 것을 재무상태표라 한다. 반면에 거래 이익이나 급여, 이자 비용은 장부 마감 다음 날 1월 1일에는 회사의 권리 또는 의무가 없다.

시산표

차 변		대 변	
계정과목	금액	계정과목	금액
현금	273,500,000	자본금	100,000,000
토지	50,000,000	차입금	200,000,000
상품	0	미지급금	48,000,000
건물	48,000,000	거래 이익	30,000,000
급여	6,000,000		
이자 비용	500,000		
합계	378,000,000	합계	378,000,000

즉, 이들 항목은 장부 마감날이 속한 해와 관련된 금액이지 해가 넘어가면 새로운 장부에는 기록하지 않는다. 즉, 장부 마감일 이후에는 회사의 주고받기 개념이 적용되지 않는다. 급여 항목을 보자. 이미 근로에 대한 대가를 지불하였기에 새로운 회계연도에는 더 이상 권리나 의무가 없어 관리하지 않는다. 이렇게 회사의 입장에서 더 이상 채권, 채무로서의 역할이 다한 항목들을 모아 둔 곳이 손익계산서이다. 재무상태표와 손익계산서는 보통 1년마다 만든다. 우리는 이러한 1년을 1회계연도라 한다. 즉, 장부 마감을 1년마다 한다는 뜻이다. 1회계연도가 6개월인 회사도 있는가? 있을 수 있다. 회계기간이 짧으면 결산서가 더 자주 만들어지기에 회사

의 재산상황과 영업상황을 더 자주 확인할 수 있어 유용한 정보를 얻는 측면에서 회계연도가 1년짜리 회사보다 신속성을 확보할 수 있다. 다만 결산이라는 작업을 자주하면 그에 따른 지출이 더 있을 수는 있다. 회계연도가 10년인 회사도 있는지? 결론적으로 없다. 상법에 1년을 1회계연도의 최대범위로 해 놨기 때문이다. 만약 1회계연도가 10년이라면 그 회사의 재무 정보가 10년에 1번 나오기에 의사결정하는 이해관계자들을 설득하기가 어렵다. 또한 국가는 1년마다 소득관련 세금을 징수해야 하는데 10년마다 내면 국가재정은 어떻게 될까? 그래서 보통 1월 1일부터 12월 31일까지가 1회계연도이다. 1년마다 회사는 장부 마감, 즉 결산을 하고 이에 대한 정보를 제공하고 있다.

위의 시산표에서 재무상태표를 분류해 내면 오른쪽과 같다.

재무상태표

차 변		대 변	
계정과목	금액	계정과목	금액
현금	273,500,000	자본금	100,000,000
토지	50,000,000	차입금	200,000,000
건물	48,000,000	미지급금	48,000,000
합계	371,500,000	합계	348,000,000

위의 시산표에서 손익계산서를 분류해 내면 다음과 같다.

손익계산서

차 변		대 변	
계정과목	금액	계정과목	금액
급여	6,000,000	거래 이익	30,000,000
이자 비용	500,000		
합계	6,500,000	합계	30,000,000

시산표에서 재무상태표와 손익계산서를 분리해 보니 좌우가 일치하지 않음을 확인했다. 그 차액이 각각 23,500,000원이다. 손익계산서를 보자. 이익이 30,000,000원이고 비용항목의 합이 6,500,000원이다.

이는 곧 (주)한국상사의 이익임을 알 수 있다.

여기서 한 가지 예를 들어 설명해 보겠다. Peter라는 사람의 연초 재무상태표가 다음과 같다.

재무상태표(연초)

차 변		대 변	
계정과목	금액	계정과목	금액
현금	100,000,000	대출금	200,000,000
아파트	350,000,000	순재산	290,000,000
자동차	40,000,000		
합계	490,000,000	합계	490,000,000

개인의 재무상태표도 위와 같이 만들어 볼 수 있다. 우선 차변에 보니 재산의 목록이 있고 대변에 보니 부채와 순재산이 있다. 이것처럼 독자 여러분도 자신의 재무상태표를 만들 수 있을 것이다. 이를 해석하자면 피터는 연초에 총재산이 490,000,000원이고 부채 200,000,000원이 있어 진짜 자기 재산은 290,000,000원인 사람이다. 연초에 이러한 상황은 그대로이고 근로소득이 연간 60,000,000원인데 1년간 50,000,000원을 소비하고 남은 금액이 10,000,000원이다. 다른 변동사항

이 없다면 연초보다 예금이 10,000,000원 늘어 순재산은 300,000,000원이 될 것이다 이를 재무상태표로 다시 표현하면 다음과 같다.

재무상태표(연말)

차 변		대 변	
계정과목	금액	계정과목	금액
현금	100,000,000	대출금	200,000,000
예금	10,000,000		
아파트	350,000,000	순재산	290,000,000
자동차	40,000,000	순재산	10,000,000
합계	500,000,000	합계	500,000,000

연초보다 순재산이 10,000,000원이 늘게 되면 재무상태표는 위와 같이 정리된다. 다른 조건 등이 연초와 같다면 연말에 가진 재산으로 빚을 정리한다고 하면 피터의 주머니에 300,000,000원이 남게 된다.

다시 시산표에서 재무상태표와 손익계산서로 분류해내는 과정에 개입하여 장부를 마감하려면 다음처럼 한다.

당기순이익 23,500,000 / 이익잉여금 23,500,000

여기서 당기순이익은 손익계산서에, 이익잉여금은 재무상태표에 기재한다. 이 분개를 한다 하여 그동안의 거래를 바꾸거나 하는 건 아니다. 다만 장부의 대칭을 맞추어 정리하는 과정이다. 우리는 이런 것을 결산이라고 한다. 당기순이익(當期純利益, Net income)은 1회계연도 동안의 이익이고, 이 당기순이익이 주주의 재산을 증가시키는 역할을 하므로 이를 주주지분을 증가로 표시하는데 그 명칭을 이익잉여금(利益剩余金, earned surplus)이라고 한다. 어떤 회사의 주주가 한 명이고 이 사람의 투자금 10억 원으로 회사를 운영해 보니 첫해 이익이 1억 원 발생하였다. 주주 입장에서 회사를 정리한다면 투자금 10억 원과 이익금 1억 원을 받게 될 것이다. 이처럼 회사 입장에서는 1억 원의 당기순이익이 투자자 입장에서는 투자수익이다. 당기순이익의 발생은 회사의 재산을 증가시키는 것이기에 재무상태표에 기록하고 이를 이익잉여금이라 표시한다. 이제 당기순이익에 대한 결산분개를 재무상태표와 손익계산서로 옮겨 기록해 보자.

재무상태표

차 변		대 변	
계정과목	금액	계정과목	금액
현금	273,500,000	자본금	100,000,000
토지	50,000,000	차입금	200,000,000
건물	48,000,000	미지급금	48,000,000
		이익잉여금	23,500,000
합계	371,500,000	합계	371,500,000

손익계산서

차 변		대 변	
계정과목	금액	계정과목	금액
급여	6,000,000	거래 이익	30,000,000
이자 비용	500,000		
당기순이익	23,500,000		
합계	30,000,000	합계	30,000,000

　재무상태표와 손익계산서를 거의 완성하였다. 재무
상태표는 기말 현재 (주)한국상사의 재산 상태를 보여
주고 손익계산서는 회계연도 기간 동안의 경영성과를
보여 주고 있다. 손익계산서를 보면 회계기간 동안 매
출액 총액이 얼마인지 또 당기순이익은 얼마인지 알아
보는 것이 통상인데 지금 완성된 손익계산서에는 매출
액이 없다. 이는 give & take로 정리하면서 보완해야 할 부분이다. 먼저 지금까지의 시산표를 그대로 가져오고 보완해야 할 분개 대상을 가져와 다시 정리해 보고자 한다.

시산표

차 변		대 변	
계정과목	금액	계정과목	금액
현금	273,500,000	자본금	100,000,000
토지	50,000,000	차입금	200,000,000
상품	0	미지급금	48,000,000
건물	48,000,000	거래 이익	30,000,000
급여	6,000,000		
이자 비용	500,000		
합계	378,000,000	합계	378,000,000

이 시산표에서 12월 15일 "고려건설에 12월 2일 구입 물품 전부를 130,000,000원에 판매하고 대금은 전액 현금으로 받았다."라는 분개를 대신하여 매출액이 기록되는 분개로 바꾸어 정리하면 손익계산서도 현재 통용되는 형태를 완성하게 된다. 그 길을 시작해 보자.

구분	차 변		대 변	
	계정과목	금액	계정과목	금액
12/15	현금	130,000,000	상품 거래 이익	100,000,000 30,000,000

수정한 분개

구분	차 변		대 변	
	계정과목	금액	계정과목	금액
12/15	현금 매출원가	130,000,000 100,000,000	매출 상품	130,000,000 100,000,000

　당초 분개에서는 거래 이익을 즉시 인식하였으나 수정 분개에서는 매출액-매출원가(130,000,000-100,000,000)를 기재해서 거래 이익을 표현하지 않고 분개에 내재시켰다. 여기서 시산표를 수정하고자 한다. 당초 시산표에서 거래이익을 제거하고 차변에는 매출원가 대변에는 매출액을 기록으로 넣자. 그렇게 되면 좌우의 전체 금액은 같아지고 결과적으로 거래 이익도 30,000,000원으로 같다.

시산표

차 변		대 변	
계정과목	금액	계정과목	금액
현금	273,500,000	자본금	100,000,000
토지	50,000,000	차입금	200,000,000
상품	0	미지급금	48,000,000
건물	48,000,000	매출액	130,000,000
매출원가	100,000,000		
급여	6,000,000		
이자 비용	500,000		
합계	478,000,000	합계	478,000,000

상기 수정된 시산표에서 재무상태표를 분류해 내면 다음과 같다.

재무상태표

차 변		대 변	
계정과목	금액	계정과목	금액
현금	273,000,000	자본금	100,000,000
토지	50,000,000	차입금	200,000,000
건물	48,000,000	미지급금	48,000,000
합계	371,000,000	합계	348,000,000

이어서 손익계산서를 분류해 내면 다음과 같다.

손익계산서

차 변		대 변	
계정과목	금액	계정과목	금액
매출원가	100,000,000	매출액	130,000,000
급여	6,000,000		
이자 비용	500,000		
합계	106,500,000	합계	130,000,000

매출액과 매출원가는 장부 마감일에 거래 손익을 구성하고 회사의 다음 회계연도에는 권리의무가 없게 되므로 손익계산서 항목으로 기재한다. 여기서 다음의 분개를 적용하면 마무리된다.

당기순이익 23,500,000 / 이익잉여금 23,500,000

재무상태표

차 변		대 변	
계정과목	금액	계정과목	금액
현금	273,500,000	자본금	100,000,000
토지	50,000,000	차입금	200,000,000
건물	48,000,000	미지급금	48,000,000
		이익잉여금	23,500,000
합계	371,500,000	합계	371,500,000

손익계산서

차 변		대 변	
계정과목	금액	계정과목	금액
매출원가	100,000,000	매출액	130,000,000
급여	6,000,000		
이자비용	500,000		
당기순이익	23,500,000		
합계	130,000,000	합계	130,000,000

이렇게 작성한 손익계산서는 결산일에 소멸한다. 그리고 다음해 1월 1일 아침의 손익계산서는 아무것도 기록되지 않은 백지상태에서 또 한 해 동안의 수익과 비용을 기록하게 된다. 사람은 죽어서 이름을 남기고 손익계산서는 죽어서 재무상태표에 이익잉여금을 남기고 역사 속으로 사라진다. 이를 매년 반복하는 것이 손익계산서의 운명이다.

2. 구성과 의의

이제 재무상태표와 손익계산서에 대해 더 알아보기로 한다. 시산표로부터 출발한 재무상태표의 계정과목은 계정원장의 잔액을 기록한 것이다. 따라서 현금은 반드시 왼쪽, 차변에만 있다. 분개장에 있는 현금 계정과목의 집합처가 다음의 계정원장이다,

계정원장

현금

구분	차변		대변	
	적요	금액	적요	금액
1/1	자본금	100,000,000		
1/1			토지	50,000,000
12/2	차입금	200,000,000		
12/2			상품	100,000,000
12/15	상품 등	130,000,000		
12/31			급여	6,000,000
12/31			이자 비용	500,000
	합계	430,000,000	합계	156,500,000

(주)한국상사의 분개에서 현금으로 주고받은 내용을 정

리하여 남는 금액(430,000,000-156,500,000=273,500,000)이 현금계정과목의 금액이다. 현금도 물건이고 받은 것 이상 절대 줄 수 없기에 시산표에서 현금은 반드시 왼쪽에만 있게 된다. 다른 재무상태표의 차변계정과목도 현금과 같아 오른편에는 오지 않는다(다만 0이 될 뿐이다).

차변(take)	대변(give)
받은 것 나중에 받기로 한 것 받지 못한 것	준 것 나중에 주기로 한 것 주지 않은 것

거래를 기록하는 방법에서 아래 표를 보았을 것이다.

시산표에는 각 계정과목별로 계정원장의 잔액을 나타낸다. 그 중 계정과목별로 다음처럼 구분하여 재무상태표와 손익계산서로 구분한다. 또 다른 큰 구분은 권리의무가 결산일 다음 날에도 존재하면 이는 재무상태표에 그렇지 않은 계정과목은 손익계산서에 기록하게 된다.

구분	차 변(take)	대 변(give)
재무 상태표	받은 것 나중에 받기로 한 것	나중에 주기로 한 것
손익 계산서	덜 받은 것 etc.매출원가	덜 준 것 etc.매출액

상기 기준을 가지고 완성되어진 재무상태표와 손익
계산서를 분석해 보자.

재무상태표

차 변		대 변	
계정과목	금액	계정과목	금액
현금	273,500,000	자본금	100,000,000
토지	50,000,000	차입금	200,000,000
건물	48,000,000	미지급금	48,000,000
		이익잉여금	23,500,000
합계	371,500,000	합계	371,500,000

재무상태표의 차변에는 받은 것과 받기로 한 것을 기
재한다고 하였는데 각 항목을 검토해 보기로 한다. 현
금은 받은 것으로 볼 수 있으며 또한 토지와 건물도 받
은 것으로 볼 수 있다. 그리고 오른쪽 대변을 보면 차입
금과 미지급금은 나중에 주기로 한 것이고 자본금과 이
익잉여금 또한 회사가 정리되는 시점에 주주에게 주기
로 예정된 것이기에 또한 나중에 주기로 한 것이라고 할
수 있다.

재무상태표의 왼쪽, 차변에 기재되는 항목들의 성격
을 따로 정리하면 자산(資産, asset)[8]이라고 한다. 자산

8) 자산: 개인이나 법인이 소유하고 있는 경제적 가치가 있는 유형·무형의

이란 그것이 처분될 때 회사로 금전의 유입이 예상되는 재산을 말한다. 재무상태표의 오른쪽, 대변에 기재되는 항목들의 성격을 따로 정리하면 부채(負債, liability)[9]와 자본(資本, capital)이다. 차입금과 미지급금이 부채이며 이들을 정리하려면 회사에서 금전의 지출이 있어야 하는 항목이다.

한편, 자본이란 회사 설립 시에 주주로부터 투자받은 금액과 회계연도마다 발생한 이익잉여금 등을 '자본'이라고 한다. 회사가 주주에게 지불해야 할 항목을 자본이라고 하는데 이 자본도 넓은 의미에서는 부채이다. 따라서 재무상태표의 차변은 회사가 가진 권리를, 대변에는 회사가 갚아야 할 의무를 표현한다고 볼 수 있다. 재무상태표를 보면 자산의 총합과 부채와 자본의 총합이 일치함을 알 수 있다. 이런 것이 회계의 검증가능성을 보여 주는 바로미터로 사용되고 있다.

자산 총계 = 부채총계 + 자본총계

재산. 유동 자산과 고정 자산으로 대별된다.
9) 부채: 제삼자에게 지고 있는 금전상의 의무. 회계상으로는 대차 대조표의 대변(貸邊)에 계상된다.

재무상태표

차 변	대 변
자산(資産, asset)	부채(負債, liability) 자본(資本, capital)

이어서, 손익계산서를 분석해 보자.

손익계산서

차 변		대 변	
계정과목	금액	계정과목	금액
매출원가	100,000,000	매출액	130,000,000
급여	6,000,000		
이자 비용	500,000		
당기순이익	23,500,000		
합계	130,000,000	합계	130,000,000

우선 왼쪽, 차변을 보면 매출액에 대응하는 원가와 인건비 등의 운영경비가 포함되어 있다. 이를 회계학에서는 비용(費用, expense)[10] 항목이라고 한다. 반면 오른쪽, 대변을 보면 매출액이 확인된다. 이런 대변의 항목에 대하여 회계학에서는 수익(收益, Revenue)[11]항목이

---

10) 비용: 어떤 생산 활동을 위해 소비되는 돈. 즉 생산 요소나 생산재에 지불되는 대가(對價).
11) 수익: 기업이 경제 활동의 대가로서 얻은 경제적 가치.

라고 한다.

손익계산서

차 변	대 변
비용(費用, expense)	수익(收益, Revenue)

상기 내용으로 시산표는 다음과 같이 구성됨을 알 수 있을 것이다.

시산표

차 변	대 변
자산(資産, asset) 비용(費用, expense)	부채(負債, liability) 자본(資本, capital) 수익(收益, Revenue)

시산표의 작성 과정을 보면 먼저 거래 사실을 최초로 가공하는 분개를 하고, 그 분개를 계정원장으로 이기하고, 그 계정원장별 잔액을 시산표로 옮겨 적는다. 시산표에 표현된 계정과목들의 성격을 분류해 보면 다섯 가지로 나눌 수 있고 여기서 세 가지는 재무상태표에, 두 가지는 손익계산서에 기재된다. 앞에서 나온 분개를 다시 보고 그것이 다섯 가지 중 무엇인지 알아보자.

- (12/2) 구매자금 200,000,000원을 기업은행으로부
  터 대출받아 금고에 보관하였다. 이를 분개하면 다
  음과 같다.

(12/2) 현금 200,000,000 / 차입금 200,000,000

현금 2억 원은 자산이고 차입금 2억 원은 부채이다.
자산이란 재산적 가치가 있는 재화 등을 말하는데 현금
이 대표적이다. 이들 자산 항목의 성격은 그것이 처분
될 때 회사로 현금이 유입된다. 차입금 2억 원이고 이는
정리할 때 현금의 유출이 예상되는 과목이기에 부채이
다.

- (1/1) 주주 A가 설립자본금 100,000,000원을 현금으
  로 납입하다. 이를 분개하면 다음과 같다.

(1/1) 현금 100,000,000 / 자본금 100,000,000

현금은 자산이고 자본금은 주주가 회사운영을 위해
종잣돈(seed money)으로 낸 금전이다. 이 또한 회사의
입장에서는 주주에게 돌려줘야 할 금전이어서 부채의
성격을 띠고 있지만 부채와 달리 다른 명칭인 자본금을

사용한다. 상법에서 자본의 증감에 대하여 절차와 방법을 엄격히 제한하고 있다. 만약 투자한 주주가 회사에 주식 반환을 임의로 할 수 있다면 회사의 존립에 상당한 영향을 미칠 수 있기 때문이다.

- (12/31) 기업은행에 이자 500,000원을 현금 지급하다.

(12/31) 이자 비용 500,000 / 현금 500,000

분개 시에 자산계정인 현금이 대변에 기록된 것은 그 자산이 give, 즉 나간 것이고 이는 그만큼의 자산 감소를 의미한다. 여기서 얻을 수 있는 교훈은 자산 계정과목인 현금을 보니 차변에서도 보이고 대변에서도 보인다. 차변에 보일 때는 현금이 들어온 것이고 대변에 기록될 때는 현금의 유출이 있었다. 그럼에도 시산표에서는 왼쪽에만 존재한다. 그 이유는 시산표는 결산일의 현금 계정과목의 잔액을 표시하기 때문이다.

한편, 현금의 지출이 있는 경우의 거래를 보면 다음과 같다.

〈자산을 취득할 때〉

토지 1,000,000 / 현금 1,000,000

〈부채를 정리할 때〉

차입금 1,000,000 / 현금 1,000,000

〈용역을 제공받을 때〉

인건비 1,000,000 / 현금 1,000,000

자산을 취득하거나 부채를 갚을 때를 제외하고 인건비, 건물임차료, 공과금, 광고비, 이자 비용 등 용역을 제공받은 것에 대한 대가로 현금의 지출이 있을 때 인건비 등을 비용(費用, expense)이라고 한다. 비용항목이 take항인 차변에 있는 것은 용역을 제공받았기 때문이다. 명칭은 용역을 제공받은 형식이고 금액은 제공받은 용역의 가치를 의미한다.

- (12/15) 고려건설에 12월 2일 구입물품 전부를 130,000,000원에 판매하고 대금은 전액 현금으로 받았다.

(12/15) 현금 130,000,000 / 매출 130,000,000

상기 분개에서 차변의 현금 130,000,000원은 자산이다. 그렇다면 대변의 매출은 무엇인가 알아보고자 한다. 현금의 유입이 있는 경우의 거래를 보면 다음과 같다.

〈자산을 처분할 때〉

현금 1,000,000 / 상품   800,000
                      거래 이익 200,000

〈부채를 발생시킬 때〉

현금 1,000,000 / 차입금   1,000,000

〈용역을 제공할 때〉

현금 1,000,000 / 임대료 수입 1,000,000

건물이나 자금을 제공(용역을 제공)하고 그 용역 제공에 대한 대가로 현금을 받을 때 이를 임대료 수입, 이자 수익이라 한다. 이 둘을 '수익(收益, Revenue)'이라고 한다. 수익 항목이 give항인 대변에 있는 것은 용역을 제공하였기 때문이다. 명칭은 용역을 제공한 형식이고 금액은 제공한 용역의 가치를 의미한다. 또한 상기 분개에서처럼 자산을 처분할 때 give한 상품(800,000원)과 거래 이익(200,000원)을 합한 금액 1,000,000원을

매출액이라 하고 이 또한 수익이다. 이때 상품(800,000
원)은 매출원가로 비용이 된다.

그럼 재무상태표와 손익계산서는 무엇인가?
우선 재무상태표는 회계연도 마지막 날의 시산표에
서 자산, 부채, 자본을 분리해 내어 만든 표이고 손익계
산서는 수익과 비용을 분리해 내어 만든 표이다.
재무상태표로 나타내는 계정들을 분류하면 자산, 부
채, 자본이라 하였다. 이는 장부 마감일 현재 권리의무
가 아직 회사에 있는 항목들이다. 반면에 손익계산서로
나타내는 계정들을 분류하면 수익과 비용이고 그 계정
과목들은 당해 회계연도의 내용을 집계한 것이고 장부
마감일에 회사의 권리의무가 끝나거나 없는 계정과목
들이다. 회사의 회계기말 권리의무는 다음 회계연도 기
초로 그대로 이어지기에 기말의 재무상태표와 다음 회
계연도 첫날의 재무상태표는 동일하다. 그러나 회계연
도 첫날의 손익계산서는 백지상태로 시작한다.
결과적으로 재무상태표는 장부 마감일의 회사에 속
한 자산과 부채(자산-부채=순재산)를 구체적으로 알려
주는 것이고 손익계산서는 1회계연도 동안 이익(또는
손실)이 얼마인지 알려 준다.
재무상태표와 손익계산서는 회사와 관련한 정보를 표

와 숫자로 표기하여 나타낸다. 아무리 큰 회사의 정보도 2장으로 마무리한다. 재무상태표와 손익계산서로.